Visual Thinking Strategies

Philip Yenawine

이미지로 키우는 사고력, VTS
새로운 시대가 원하는 융합형 인재 교육법

초판 인쇄 2019. 5. 23
초판 발행 2019. 5. 30

지은이 필립 예나윈
옮긴이 손지현, 배진희, 신지혜, 정현정
펴낸이 지미정

편집 문혜영, 이정주
디자인 한윤아
영업 권순민, 박장희

펴낸곳 미술문화 | **주소** 경기도 고양시 일산동구 중앙로 1275번길 38-10, 1504호
전화 (02)335-2964 | **팩스** (031)901-2965
홈페이지 www.misulmun.co.kr
등록번호 제 2014-000189호 | **등록일** 1994. 3. 30
인쇄 동화인쇄

이 도서의 국립중앙도서관 출판시도서목록(CIP)은 서지정보유통지원시스템
홈페이지(http://seoji.nl.go.kr)와 국가자료공동목록시스템(http://www.nl.go.kr/kolisnet)
에서 이용하실 수 있습니다.(CIP제어번호: CIP2019018571)

ISBN 979-11-85954-51-6 (93370)
값 18,000원

이미지로 키우는 사고력, VTS

새로운 시대가 원하는 융합형 인재 교육법

필립 예나윈 지음

손지현, 배진희, 신지혜, 정현정 옮김

X+Y=

6장

VTS, 어디서부터 어떻게 시작해야 할까 • 175

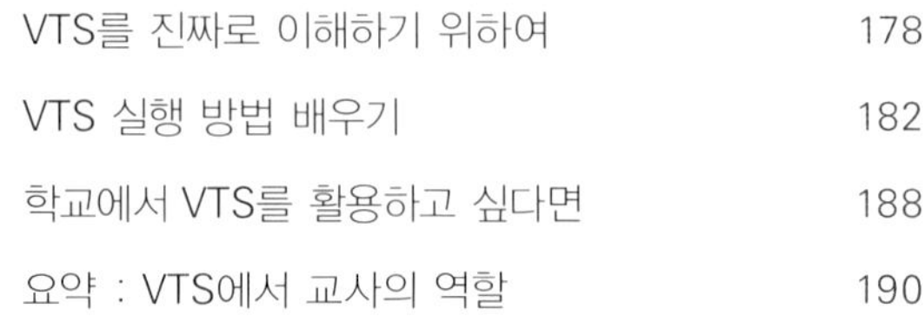

7장

새로운 시대에 필요한 효과적인 교육법 • 193

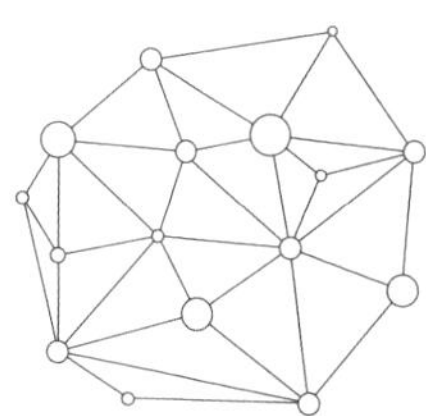

부록

서문

교육자들은 새로운 도전의 길목에 서 있다. 최근 고안된 공통핵심기준Common Core Standards은 기존의 성취기준과 평가 방식에서 한 발 더 나아가 보다 복합적인 역량을 기를 것을 요구한다. 이제 학생들은 자신이 비판적으로 사고하고 효과적으로 문제를 해결하며 명확하게 추론할 수 있음을 보여주어야 한다. 더불어 진취적으로 듣고 설득력 있게 말하고 논리적으로 글을 쓸 수 있으며, 무엇보다 학습하고 있는 내용을 충분히 이해하고 있음을 입증해야 한다. 새로운 교육과정은 정답이 아닌 문제 풀이 과정을 요구한다. 단순히 지식을 축적하는 것이 아닌 교실 안팎에서 이를 활용할 수 있는 능력이 중요해졌으며, 학생들은 과제를 해결할 수 있을 뿐만 아니라 스스로 배울 수 있음을 보여주어야 한다.

이는 오랜 기간이 소요되며 눈에 쉽게 띄는 역량도 아니다. 학생들이 정말로 이러한 성장을 이룰 수 있을까?

이 책이 이러한 의문에 대한 해답이 되어줄 수 있을 것이다.

이 책은 시각적 사고 전략Visual Thinking Strategies, VTS이라 불리는 수업 방식에 대해 다룬다. VTS는 교사의 역량과 학생의 수행 능력을 모두 증진할 수 있는 방법이다. 교사는 VTS를 통해 미술작품이 수업에 깊숙이

자리 잡게 하고, 간단하지만 예리한 질문을 여러 과목에 적용해 수업의 기초를 다진다. 이를 통해 학생들은 수업에 자유롭게 참여하며 개인적으로도, 그리고 집단적으로도 발전을 이룬다. 일 년에 열 시간 남짓을 VTS 토의에 투자하여 모든 학생의 사고력과 언어 능력, 글쓰기 기술, 시각적 문해력과 함께 수업 참여도를 증진할 수 있다. VTS는 학생들이 공통핵심 기준에 도달할 수 있도록 돕는 간단하면서도 실질적인 방식이다.

하지만 VTS의 효과를 어떻게 확신할 수 있을까?

VTS는 1991년 뉴욕 현대 미술관Museum of Modern Art 이사진의 문제의식에서 시작되었다. 이사진은 관람객이 미술관이 제공하는 교육 프로그램으로부터 실질적으로 무언가를 배우는지에 대해 의문을 제기했다. 나는 1983년부터 1993년까지 모마의 교육 디렉터로 일하며 이러한 의문에 답하기 위해 노력했고, 동료들과 함께 관람객의 시각적 문해력을 신장하기 위한 방법으로 VTS를 개발했다. 우리는 교사들의 도움을 받아 수업을 통해 학생들의 감상 기술을 키울 수 있는지 알아보았고, 12년간의 현장 연구 끝에 VTS가 이 이상의 역할을 수행한다는 사실을 밝혀냈다.

1995년, 우리는 VTS의 연수와 기금 마련, 관련 연구의 실행을 위해 비영리 재단인 교육에서의 시각적 이해Visual Understanding in Education, VUE를 설립했다.[1] 그리고 마침내 유치원부터 고등학교에 이르기까지 모든 학년을 아우르는 교육과정을 개발했다. 이제까지 우리는 4천여 명이 넘는 교사와 VTS 이미지 수업을 진행했고, 이들 중 다수가 VTS의 전략을 수학이나 과학, 사회 등의 다른 과목에도 적용했다.

VTS는 학생들의 시각적 문해력과 사고력을 증진할 뿐만 아니라 이를 표현하는 도구인 언어에 대한 흥미를 불러일으킨다. 따라서 VTS를 통해 듣기 및 쓰기 능력 또한 발전시킬 수 있다. 더 나아가, 친구와 함께 문제를 해결하는 과정에서 다양한 사회적 기술을 함양하게 된다. 교사는 VTS를 활용함으로써 뒤처지는 아이들을 포용해 교실을 공평한 경쟁의 장으로 만들 수 있다. 모든 과목에 토의를 도입하는 것은 공동으로 의미를 형성하고 서로를 발판 삼아 보다 높은 단계로 나아가도록 돕는다.

나는 공통핵심기준이 채택되기 전부터 보다 흥미롭고 모든 학생이 참여할 수 있는 수업에 관심이 많았다. 표준화 시험에서 높은 점수를 받는 것보다 중요한 건 수업 내용을 효과적으로 구성하는 것이다. 그래서 나는 수업에 구성주의 철학을 실용적인 방식으로 적용하고자 한다. 구성주의적 방법이 학생들의 감각과 능력을 향상시키고, 학생들을 최선의 가능성으로 이끌 수 있다고 믿기 때문이다. 더불어, 나는 20년 넘게 모든 학생이 성장할 수 있도록 애써온 교사들의 성과를 많은 이와 나누고자 한다. 많은 교사들이 VTS를 활용하며 "우수"하다고 평가받지 못한 학생들을 북돋우고 그들의 잠재력을 일깨우고자 했다. VTS는 여러 측면에서 공통핵심기준에 부합할 뿐만 아니라 진학이나 진로 준비에 필요한 역량을 기르는 데 크게 기여했다.

이 책은 반복적인 훈련과 표준화된 평가에서 벗어나 깊이 있는 학습을 위한 새로운 패러다임을 원하는 모든 이의 요청에 부응하는 시도라 할 수 있다. 대부분의 교사가 영어, 수학 등 필수 과목을 중점적으로 가르쳐야 한다고 생각하면서도 한편으로는 이를 넘어서고 싶어 한다.

2000년부터 VUE에서 활동하며 본격적으로 VTS를 활용해왔지만 VTS의 발전 과정이나 교사들이 실제로 적용한 내용을 구체적으로 기술한 자료는 미비했다. 따라서 이 책을 통해 VTS가 어떻게 발전되어왔는지, 그리고 각자의 분야에서 최선을 다하는 전문가이기 전에 어디까지나 "평범한" 초등학교 교사들이 수업에 VTS를 어떻게 활용했는지를 보여주고자 한다. 다양한 예시와 연구를 토대로 VTS가 무엇이며 사고력과 언어능력에 어떠한 영향을 미치는지, 교사들이 여러 과목에 VTS를 어떻게 적용했는지를 소개하고자 한다. 또한 모두를 "유능한" 교사로 만들어 수업 분위기를 긍정적으로 이끄는 VTS의 잠재력에 대해서도 이야기하고자 한다.

이 책은 다양한 학년에서 VTS가 어떻게 활용되며 영어가 모국어가 아닌 학생이나 사회적 배려 대상자를 어떻게 돕는지에 대해서도 설명하고 있다. 이를 보여주기 위해 학생들로부터 수집한 예시를 익명으로 제시하였다.

부록은 VTS를 시도하길 원하는 이들에게 특히 도움이 될 것이다. VTS에 관한 추가적인 정보와 함께 홈페이지 주소가 기재되어 있다.

교사들은 VTS가 미취학 아동에게 미치는 긍정적인 영향을 확인했다. 뿐만 아니라 발달적, 환경적 요인에 의한 차이를 보다 풍부한 수업을 위한 발판으로 활용할 수 있었다. 실패의 경험이 있는 청소년이 VTS를 통해 자신감을 되찾고 학습에 어려움을 겪던 학생들이 놀랍게 향상되는 것 또한 목격했다. 학생들은 자신의 능력을 극대화하여 그들에게 요구되는 것 이상의 더 높은 수준으로 나아가고자 했다. VTS는 더 나아지고 싶은 학생과 이들을 돕고 싶어 하는 교사를 위한 최고의 방법이다. 더불어 이 험난한 세상을 살아가는 데 반드시 필요한 역량이기도 하다.

매사추세츠주 웰플릿에서,

필립 예나윈.

역자 서문

국내외에서 뮤지엄 교육에 대한 관심이 높아지면서 일반 방문객뿐 아니라 교사와 교육학자, 그리고 학부모까지 뮤지엄 관련 도서를 찾고 있다. 이 책에서 소개하고자 하는 VTS는 미술작품을 통해 학생의 인지 발달과 정서 강화, 상호 작용을 통한 학습을 유도하는 교육 방법이다. 이는 최근 개정된 교육과정에서 강조하는 역량이기도 하다.

국내에서도 미술작품의 감상과 교육 방법에 관한 고민은 계속 있어왔지만 안타깝게도 이에 대하여 해결책을 제시하거나 자세한 교육 방법을 안내하는 책은 많지 않았다. 교육자이자 이 책을 우리말로 번역한 번역가인 우리는 2013년 미국 하버드 교육 출판사에서 출간된 필립 예나윈의 저서 『시각적 사고 전략*Visual Thinking Strategies*』이 미술작품을 활용한 교육 방법을 뮤지엄과 학교 현장에서 이루어진 실제 사례를 중심으로 구체적이면서도 쉽게 소개했다는 점에 주목했다. 이 책은 구성주의와 인지심리학에 기반을 두고 미술작품을 주제로 토의를 하는 수업 방식을 소개한다. 시각 매체의 중요성이 여느 때보다 강조되고 있는 지금, 미술작품을 활용한 시각적 사고 전략이 암기식 교육의 적절한 대안이 될 수 있으리라는 확신이 들었다.

저자 필립 예나원은 1983년부터 뉴욕 현대 미술관과 시카고 현대 미술관의 교육 디렉터로 활동해온 뮤지엄 교육 프로그램의 선구자다. 그는 1995년 비영리 기관인 VUE를 설립해 미국 전역과 전 세계에 VTS를 소개하고 그 효과를 지속적으로 실험하고 있다. 미국 33개 주, 18개 국가의 3백여 개의 학교와 백여 개의 뮤지엄에서 5천 명이 넘는 에듀케이터와 함께 백만여 명의 학생들에게 VTS를 교육하며 학교와 뮤지엄 교육에 큰 영향을 미치고 있다.

VTS란 시각적 사고를 바탕으로 이미지 읽기를 촉진하는 방법이다. 이 책은 학생의 시각적 사고를 촉진하기 위한 전략을 제시하고 그 과정을 구체적으로 소개하며, 나아가 VTS의 효과를 상세히 밝힌다. 이 과정에서 루돌프 아른하임의 시지각과 레프 비고츠키의 사회적 구성주의, 학생들의 토의에서 관찰할 수 있는 근접발달영역과 애비게일 하우젠이 뮤지엄 관람객을 대상으로 진행한 인지심리학적 연구 등 다양한 이론이 활용되었다. 이 책의 장점 중 하나는 이와 같은 전문적인 이론과 함께 교사가 현장에서 VTS 전략을 적용한 실질적인 사례를 제시한다는 점이다. 우리는 미술뿐만 아니라 국어, 수학, 영어, 사회, 과학 등의 다양한 과목에 VTS를 적용한 사례와 함께 그 효과를 목격할 수 있다.

이렇듯 VTS는 모든 학년과 교과에 다양한 방식으로 실행할 수 있다. VTS를 통해 학생들은 성취기준에 도달할 뿐만 아니라 시각적 문해력과 사고력, 듣기와 쓰기를 포함한 언어 능력을 향상시키고 문제 해결 능력을 기르게 된다. 4차 산업혁명이 눈앞에 다가온 지금, 국내의 많은 학생이 VTS를 통해 새로운 시대가 필요로 하는 균형 잡힌 인재로 거듭날 수 있길 바란다.

역자 손지현, 배진희, 신지혜, 정현정

이 책의 구성 및 활용 방안

1장	VTS의 철학과 기초를 소개한다. 교육 방향을 설정하는 데 특히 유용한 부분이다.
2장	VTS의 교육 방법을 소개한다. VTS에서 사용하는 질문, 토의 과정에서의 유의점과 교사의 역할 등을 상세하게 설명한다. 이는 실제 수업에서 VTS를 활용하기 위한 적절한 지침이 되어줄 것이다.
3장	VTS를 여러 과목에 적용한 사례를 소개한다. 영어를 비롯해 수학, 사회, 과학 등과 같은 다양한 과목에서의 VTS 적용 사례와 그 효과가 제시된다.
4장	VTS를 통한 학생의 사고력 발달을 추적하기 위한 평가 방식으로 글쓰기를 제안한다. 이를 위해서는 VTS 토의를 시작하기 전과 후에 학생들의 글을 수집해 비교해야 한다. 교사는 학생들의 글에서 관찰, 추론, 증거 제시, 추측, 정교화, 수정 등 다양한 사고 과정을 읽어낼 수 있다.
5장	여러 이론을 바탕으로 VTS 토의가 학생의 언어 능력 향상에 긍정적인 영향을 미친다는 사실을 입증한다. 우리나라에도 널리 소개된 아른하임, 비고츠키의 이론을 좀 더 찾아보면 도움이 될 것이다.
6장	교사를 위한 VTS 연수를 소개한다. VTS 트레이닝을 통해 수업에 관한 코칭을 받을 수 있을 뿐만 아니라 교사들 간에 네트워크를 형성해 함께 성장하는 문화를 정착시킬 수 있다. 학교 현장에서 교사 연구회 등을 통해 지속적으로 VTS를 실행하는 것이 특히 유용한 이유다.
7장	학생이 자기 주도적으로 학습할 수 있는 구조 및 환경 조성의 중요성을 강조한다. 교사는 학생을 지속적으로 관찰하고 동료와 사례를 공유하며 이 시대에 필요한 효과적인 교육 방법에 대한 답을 구할 수 있을 것이다.

일러두기

- 단행본, 장편소설은 『』, 시, 보고서, 신문은 「」, 그림의 작품명은 〈 〉, 연작은 《 》로 표기했다.
- 논문과 보고서의 출처, 미술작품과 사진의 저작권은 미주에 기재하고 주요 개념과 용어 설명은 각주로 처리했다.
- 주요 학자 및 작가와 화가, 그리고 VTS 연구를 함께한 동료 교사의 영어 인명 병기는 색인(239쪽)에 별도 기재했다.

1장

아이들은
모든 게 궁금하다

나의 손녀 윌라 또래의 네, 다섯 살 아이들은 "저 차는 왜 서 있어요?", "왜 비가 와요?"와 같이 "왜" 그렇냐고 많이 물어본다. 일 년 전 어느 저녁 윌라가 "저기 저 광고판에 있는 남자는 왜 저렇게 이상해 보여요?"라고 물었을 때 우리는 윌라가 대답을 듣고 싶어 한다고 생각해 열심히 설명해주었다. 그러나 윌라는 우리의 대답에 별 관심이 없어 보였다. 다만 "왜요?"라는 질문만 반복할 뿐이었다.

이는 우리 주변에서 흔히 볼 수 있는 장면이다.

우리가 대답을 해주어도 윌라는 왜 질문만 반복했던 것일까? 왜 많은 아이들이 이렇게 행동할까?

아이들에게는 질문하는 행위 그 자체가 중요한 것 같다. 아이들은 주변을 관찰하다 스스로 알아낼 수 없는 것이 생기면 질문한다. 하지만 이는 어른들의 설명을 듣고 싶어서라기보다 그저 호기심을 가져도 되는지 확인받고 싶어서다. 윌라는 자신이 계속 궁금해해도 되는지를 허락받고 싶었을 뿐이다.

주변에서 흔히 볼 수 있는 이야기

뉴욕 현대 미술관Museum of Modern Art(이하 모마)에서 교육 프로그램을 담당했을 때, 관람객 또한 백여 년 전의 복잡하고 낯선 작품을 보고 아이들처럼 "왜"라는 질문을 많이 했다. 관람객은 익숙하지 않은 작품에 대한 해설을 듣길 원했다. 그래서 우리는 적절한 방식으로 정교하게 구성해 작품을 설명하고자 했다. 그러나 미술관이 제공하는 설명이 관람객에게 큰 의미가 없다는 사실이 연구 결과로 밝혀졌다. 마치 윌라가 우리의 설명과는 상관없이 여전히 궁금해했던 것처럼 말이다.

인지심리학자 애비게일 하우젠을 비롯한 여러 전문가들의 발달에 대한 연구를 살펴보며 숙고한 끝에 문제점을 찾아낼 수 있었다. 모마의 관람객과 월라가 진정으로 원한 것은 동일했다. 관람객은 대답이 듣고 싶었던 것이 아니었다. 그들은 다만 자유롭게 생각하며 호기심을 가지기를 원했다. 그들은 자신의 관찰력과 지성을 활용하길 바랐고 알고 있는 것을 바탕으로 모르는 것을 추론하는 단계로 나아가고자 했다. 이는 배움의 시작이라고 할 수 있다. 다시 한번 말하지만 관람객이 원한 것은 대답이 아니라 자신만의 방법으로 궁금증을 해결할 방법을 찾아나갈 기회였다.

우리는 익숙하지 않은 상황에도 잘 대처할 수 있다. 예를 들어, 우리는 한 번도 가 본 적 없는 도시에서도 금세 적응하곤 한다. 낯선 곳에 도착하면, 우리는 바로 호텔 밖으로 나가기보다 과거의 경험에 비추어 주변을 살피고 상황을 이해한 다음에야 길을 나설 것이다. 지도나 안내서를 찾을 수도 있겠지만 그러한 것이 없어도 크게 혼란에 빠지지는 않을 것이다. 이때 우리는 과거의 경험이라는 자원을 활용한다. 낯선 예술작품 앞에 섰을 때도 마찬가지다.

우리는 새로운 전략을 세우기로 했다. 월라가 그랬던 것처럼 궁금증을 가지고 싶어 하는 관람객의 호기심을 자극하고, 스스로 질문하고 대답하며 문제를 해결할 수 있도록 도와야 했다. 그동안 우리는 질문에 답함으로써 그들이 알고 싶어 하는 내용을 명쾌하게 전달하기는 했지만 학습에 참여할 기회는 주지 않았다. 그들에게 학습에 참여할 기회를 박탈해온 것이다.

기억에 남지 않는 교육

1987년, 내가 모마에서 근무한 지 반 년 정도 지났을 때 모마의 이사진은 교육 프로그램의 실효성에 의문을 제기했다. 그들은 관람객이 뮤지엄이 제공하는 다양한 교육 프로그램들로부터 실제로 배우는 것이 있는지 확인하고자 했다. 우리는 교육 프로그램이 효과적이었는지, 관람객이 뮤지엄 교육을 통해 무언가를 배웠는지, 그리고 그 교육 방법이 적절했는지 입증해야 했다.

대부분의 뮤지엄이 그렇듯 모마의 교육 부서 또한 관람객을 돕기 위해 다양한 교육 프로그램과 자료를 제공했다. 그들이 도움을 원한다는 사실은 이미 여러 조사를 통해 입증됐다. 정규 교육과정은 없었지만 우리는 강연이나 간담회, 견학이나 교사 워크숍 등의 프로그램을 운영했고 라벨과 브로슈어 같은 인쇄물을 비치했으며 전시 소개 동영상, 예술가와의 인터뷰 같은 시청각 자료를 상영했다.

우리는 다양한 교육 프로그램을 마련했다. 짧게는 한 시간부터 길게는 몇 주 동안 진행되는 것도 있었고, 그 대상 또한 어린이와 전문가를 모두 아울렀다. 하지만 프로그램의 내용은 대부분 동일했다. 모두 현대 예술가가 왜 이처럼 난해한 작품 활동을 하는지 설명하는 데 초점을 맞추었다. 관람객이 이미지와 오브제의 세세한 부분에 주목하도록 하고 때로는 질문의 형태로 작가의 전기와 역사적 사실과 같은 정보를 알려주었다. 낯선 작품을 보다 친숙하게 느낄 수 있도록 자료를 제공했으며 관람객이 처음으로 작품을 접할 때 참고할 수 있도록 조언을 건넸다. 핵심을 확실하게 전달하기 위해 스튜디오 활동을 계획하기도 했다.

우리의 교육 프로그램은 잘 진행되는 것처럼 보였다. 우리는 관람객이 적극적으로 참여한다고 자신했다. 평가는 긍정적이었고 우리는 계속해서 이와 같은 방식으로 프로그램을 개발했다.

하지만 이사진은 계속해서 질문을 던졌다. "관람객은 교육 프로그램에 만족하는 듯하지만, 교육이 실제로 차이를 만들고 있나요? 그들은 뮤지엄에 오기 전보다 더 많은 것을 알고 가나요?" 덕분에 우리는 문제를 직시할 수 있었고 교육 프로그램의 효과를 더욱 면밀히 연구하게 되었다.

이는 쉽게 답할 수 있는 문제가 아니다. 수십 년 동안 많은 관계자들이 관심을 가지고 지켜보며 다양한 평가를 실시했으나 학교에서 무엇을 가르쳐야 하는지가 여전히 어려운 과제로 남아 있는 것처럼 말이다. 그러나 우리는 이사진의 요구를 진지하게 받아들였고 문제를 해결하고자 노력했다. 이를 위해 사람들이 작품을 보는 방식을 연구한 인지심리학자 하우젠의 도움을 받아 관람객 평가를 진행했다. 하우젠은 관람객이 교육 내용을 기억하는지 확인하는 일에 착수했다.

결과는 충격적이었다. 관람객이 교육 내용을 잘 기억하지 못한다는 사실이 밝혀졌다. 그들은 심지어 교육 프로그램이 끝난 직후에조차 방금 배운 것을 제대로 기억하지 못했다. 갤러리 토크가 끝난 후 길을 되돌아가며 기억나는 내용을 알려달라고 부탁했을 때, 그들은 자신이 어떤 작품을 관람했는지조차 제대로 말하지 못했다. 작품에 관해 나눈 대화를 정확하게 이야기하는 사람은 더욱 적었다.

우리는 모두 충격에 빠졌다. 아마도 다른 사람들보다 내가 더욱 그랬을 것이다. 효과가 없으면 교육 프로그램을 운영할 필요가 없었다. 배움이 일어나지 않는데 가르치기만 하는 것은 모두에게 시간 낭비였고 교육의 본질과도 부합하지 않았다. 나는 관람객이 복잡한 미술작품을 보고 무언가 배우기를 바랐다. 그들이 미술작품에 흥미를 느끼고 의미를 찾기를 원했으며 이것이 미술관의 강요가 아닌 관람객의 자발적 참여에 의한 것이기를 바랐다.

그동안의 교육이 실패했다는 사실을 인정할 수밖에 없었다. 나는 일상적 삶에 있어 예술의 가치를 알고 있었다. 주기적으로 미술작품과 깊이 있게 만나는 것은 내 존재의 기본을 이루었다. 나는 미술작품과 교감하며 내면의 감정을 일깨울 수 있었던 경험을 다른 사람과 나누고 싶었다. 그러나 우리의 교육은 이러한 바람을 충족하지 못했다.

왜 우리의 교육은 기억에 남지 않았을까

하우젠은 곧 무엇이 잘못됐는지 알아냈다. 그는 하버드 대학원에서 수년간 사람들의 사고가 발달하는 과정을 연구했으며, 특히 작품을 볼 때 복잡한 사고 과정이 어떻게 일어나는지 알아내는 데 주력해왔다. 하우젠은 사고 과정에 초점을 맞추어 관람객이 교육 프로그램을 통해 무엇을 배웠는지를 파악하고자 했다. 이는 궁극적으로 보다 유용한 관점이었다. 문제는 관람객이 무엇을 아느냐가 아니라 자신이 아는 것을 어떻게 활용하느냐에 있기 때문이다.

이는 아주 다른 문제다. 그동안의 연구는 대부분 인간이 짧은 시간에 얼마나 많은 정보를 받아들일 수 있는지를 알아내려고 했다. 학습이 끝난 이후에 주목해 내면화된 지식이 행동에 미치는 영향을 밝혀내려고 한 연구는 극히 일부에 불과했다. 하지만 단어나 년도, 수학 공식 등을 잘 외워 시험에 통과했다고 해서 이를 실생활에 활용할 수 있을까? 한 달 뒤에는 어떨까? 배운 것을 이후 비슷한 상황에 응용할 수 있을까?

하우젠은 관람객의 사고를 이해하기 위해 15년간 수백 명의 관람객을 인터뷰하고 관찰했다. 1978년, 하우젠은 간단한 연구 방법을 고안했다. 바로 관람객이 자유로운 분위기에서 작품에 대해 마음껏 이야기하도록 하는 것이었다. 그는 담화를 녹음하여 글로 옮긴 다음, 이를 독립적인 단위로 나누어 사고 범주를 분석했다. 하우젠은 사고 범주에 따라 관람객을 분류해 다른 경험을 가지고 있으면 다른 방식으로 생각한다는 사실을 밝혀냈고, 이를 바탕으로 미적 발달 단계라는 개념을 만들었다. 관람객은 각자의 경험을 바탕으로 본 것을 이해했고, 전문가는 경험에 더해 오랜 시간 작품을 감상하며 체득한 지식과 정보, 다양한 전략을 참고했다.

다양한 경험을 가진 사람들을 연구하며, 하우젠은 정보를 기억하고 작품을 분석하는 기술은 지식의 일부일 뿐이라는 사실을 밝혀냈다. 이는 모마가 중점적으로 가르쳤던 것으로, 지식을 습득하는 데 유용했으나 지식의 전부는 아니었다.

미술과 관련된 일을 하는 사람으로서 나는 이 사실을 알고 있어야 했다. 나는 미술작품을 개인적인 방식으로 나와 연결하곤 했다. 작품을 누가, 언제 만들었는지는 기억하지 못해도 작품이 무엇을 이야기하고자 하는지는 자연스럽게 느낄 수 있었다. 이는 책을 읽을 때도 마찬가지다. 단어를 알고 문장을 읽을 수 있다고 해서 작품의 의미를 이해할 수 있는 것은 아니다. 좋은 의사가 되기 위해서는 지식을 많이 아는 것 이상의 자질이 필요하다. 교육을 제대로 받지 못해 객관적인 지식은 부족할지언정 세계를 이해하고 문제를 해결하는 방법을 잘 알고 있는 사람도 있다.

우리 모두가 이 사실을 어느 정도 알고 있다. 그러나 비교적 자유롭게 가르칠 수 있는 뮤지엄조차 학문적 접근에 기초한 교육 방법을 강조하는 것이 사실이다.

초보 관람객에게는 지식을 전달하는 것이 중요하지 않을 수도 있다는 하우젠의 주장은 충격적이었다. 관람객은 교육 프로그램에 참여해 미술작품에 대해 배워도 지식을 내면화하거나 그들의 삶에 적용하지 못했다. 감상의 기초가 그들의 경험과 관련되지 않았기에 지식은 견고해지거나 지속될 수 없었다.

하우젠은 미술에 관한 지식이 많지 않고 미술작품을 감상할 준비가 되어 있지 않다고 느끼면서도 관람객이 왜 모마에 방문하는지를 알아내려고 했다. 그리고 곧 초보 관람객이라고 불리는 이들이 작가나 미술 양식에 대해 잘 모르더라도 작품이 주는 울림에 만족한다는 사실을 밝혀냈다. 초보 관람객과 전문가는 모두 각자의 방법으로 작품을 보며 즐거워했다. 초보 관람객에게 강의나 해설은 도움이 되지 않았다. 그들은 자신만의 방법으로 이미지를 이해했고, 전문적인 설명을 들어도 이를 진지하게 받아들이지 않았다. "제대로 감상하기 위해서는 뭔가를 알아야 하는구나, 도움이 필요하구나" 정도로만 생각할 뿐이었다.

하우젠은 관람객을 이해하고자 하는 우리의 노력에 적극적으로 동참했다. 그는 데이터를 풍부하게 구축하기 위해 자신의 프로토콜[1]과 미적 발달 단계를 다층적으로 분석한 이전의 연구 결과를 활용했다. 관찰 끝에 그는 모마에 방문하는 이들 중 대다수가 초보 관람객이라는 사실을 밝혀냈다. 그들은 "작품 바라보기eyes on canvas"를 하지 않았다. 즉, 깊이 들여다본 후 시간을 들여 본 것에 대해 생각하지 않았다.

이는 참 이상한 일이다. 아기였을 때, 나의 손녀 윌라는 벌레 같은 것을 관찰하기 위해 오래도록 코를 땅에 박고 있곤 했다. 우리는 이를 "작품 바라보기" 시간이라고 불렀다. 이를 통해 윌라는 살아가는 데 필요한 기본적인 경험을 쌓을 수 있었다. 윌라는 시선을 위로 향하여 새나 비행기, 헬리콥터를 보았으며 나중에 헬리콥터는 윌라가 처음으로 말한 단어 중 하나가 되었다. 윌라는 우선 사물을 인식하는 경험을 한 후에 그것을 이름과 연결 지었다. 그리고 그 후부터는 단어를 통해 기억했다. 현재 만 여섯 살인 윌라는 헬리콥터와 십자 모양으로 하늘을 나는 다른 것들의 차이점에 대해 잘 알고 있다. 윌라는 주변을 관찰하며 궁금한 것을 물었고, 사람들의 말을 들으며 스스로 흥미롭다고 느끼는 것을 배웠다. 우리 모두가 이와 같은 방식으로 성장했다. 그런데 왜 우리는 교육 프로그램에 이러한 자연스러운 성장 과정을 반영하지 않았던 것일까?

다양한 자료를 제공해 관심을 불러일으키려 해도 관람객은 윌라처럼 작품을 자세히 관찰하지 않았다. 관찰은 본능적인 행위인데도 말이다. 뮤지엄에서 실시한 연구에 따르면 관람객들은 작품을 단 몇 초 동안만 바라본다. 작품을 이해하기보다는 대충 훑어보는 것이다. 사람들은 시나 소설은 주의 깊게 읽지 않고서는 이해할 수 없을 것이라 생각하지만 미술작품에 대해서는 그렇지 않는다. 모마의 교육을 받고 나서도 마찬가지였다.

하우젠은 관람객이 교육 프로그램을 듣고 무엇을 배우는지, 어떠한 내용과 전략을 기억하고 활용하는지 살펴보며 다음과 같은 사실을 밝혀냈다. 그들에게는 "미술작품을 읽는 법을 배우는 것"이 필요했다. 그들은 작품이 아무리 흥미롭더라도 사실과 메시지에는 흥미를 느끼지 않았다. 반면 일반적인 관람객과 달리 모마의 직원은 높은 미적 발달 단계에 있었다. 직원들은 미술작품과 더 많은 시간을 보냈고, 작품을 감상하는 방법을 배웠으며 예술과 관련된 일을 하며 지낸 이들이었다. 결과적으로 직원과 관람객의 생각은 다를 수밖에 없었다. 모마의 교육 프로그램은 높은 수준의 미적 발달 단계에 있는 직원에게는 이해가 잘 되었고 겉보기에는 관람객도 이를 잘 받아들이는 듯했지만 실질적으로 별로 도움이 되지 않았다. 이러한 교육은 관람객에게 적합한 것이 아니었다.

우리의 교육은 관람객의 발달 단계에 맞추어 이루어지지 못했다. 개인이 배울 수 있는 것은 각자의 발달 단계에 달려 있다. 어린아이가 걸음마를 배울 때 뛸 준비가 되어 있지는 않은 것처럼 말이다. 우리가 "제공자"

였기 때문에 관람객은 우리가 전달하는 것을 받아들였고, 어느 정도는 이러한 경험을 즐기는 듯했다. 하지만 그들이 원한다고 생각하는 것을 제공했음에도 관람객은 교육 내용을 잘 기억하지 못했다. 그들은 맥락과 상관없이 일부를 띄엄띄엄 기억했고 아예 잘못 이해하기도 했다. 예를 들어 그들은 러시아 화가 카지미르 말레비치가 테이프와 같은 도구의 도움을 받지 않고 손으로 기하학적인 무늬를 그렸다는 것을 생각해냈으나 왜 작가가 하얀 바탕 위에 하얀 직사각형을 그리려고 했는지에 대해서는 여전히 궁금해했다. 또는 지금은 익숙한 작품이 당시에 왜 세계를 떠들썩하게 했는지에 대해서도 의문을 가졌다. 사실 우리가 이미 모두 설명한 내용이었지만 관람객은 기억하지 못했던 것이다.

관람객은 우리의 교육에 참여하는 듯했지만 사실은 그렇지 않았다. 그들은 작품에 주의를 기울이고 감상을 즐기는 것 같았지만 감상 기술과 사고하는 법은 배우지 못했다. 따라서 그들은 깊이 있게 관찰할 수 없었다.

이러한 사실은 우리를 혼란스럽게 하곤 한다. 계속해서 상대방의 주의를 끌고 상대방이 당신의 설명에 감사를 표현하는데도 정작 배운 것은 기억하지 못한다는 사실을 깨닫기란 쉽지 않기 때문이다.

안타깝게도 이와 같은 일은 우리의 교육 현실에서 매일같이 일어난다. 이론적으로 유치원부터 초등학교, 중학교까지의 교육은 대학교 진학이나 취업에 필요한 기본적인 지식과 기술을 발전시키는 것을 목표로 한다. 그러나 여러 통계 자료는 극히 소수만이 성공하는 오늘날의 교육 현실을 보여준다. 평가 보고서에 따르면 미국 학생들은 대부분 낮은 학업 성취도를 보이며, 대학 교수나 고용주들은 이러한 현실에 한탄하고 있다.

많은 교사가 끊임없이 이러한 문제에 직면한다. 즉, 교사는 가르치지만 학생은 충분히 배우지 못한다. 아마 모두가 이러한 현실이 변하기를 바랄 것이다.

모마에서 교육 프로그램을 진행하며 학생들의 관심을 불러일으키는 일은 어렵지 않았다. 성인의 경우에는 훨씬 쉬웠다. 그들은 이미 미술작품에 관심이 있어 뮤지엄을 찾은 것이기 때문이다. 이와 달리 학생들은 학교에서 억지로 버스에 태워져 뮤지엄에 끌려오곤 했다. 하지만 그럼에도 우리는 쉽게 그들의 흥미를 끌 수 있었는데, 그 이유는 다음과 같다.

첫째, 인간은 자연스럽게 주변을 관찰하는 시각적인 능력을 타고난다. 호기심이 많은 윌라와 같이 아이들은 사물, 얼굴, 벌레 그리고 달과 같은 것을 자세히 살펴본다. 아이들의 행동을 살펴보면 인간의 타고난 시각과 사고 능력에 대해 다시 한번 돌아볼 수 있다. 이민 온 아이는 말이 통하지 않아도 주변을 주의 깊게 살피며 사람과 사물을 이해한다. 이는 어떤 경우에든 활용할 수 있는 시각의 유용성을 보여준다.

둘째, 인간은 예술적 본성을 지니고 있다. 우리는 매일 수많은 이미지를 접하지만 이는 예술이 가진 복합성과는 거리가 멀다. 뉴스의 한 장면이나 스냅숏과 비교할 때 예술은 복잡하고 범주화하기 쉽지 않다. 하지만 예술은 일상적인 경험을 반영한다. 미술작품은 사람, 장소, 사물, 감정, 상호 작용, 분위기, 의상, 날씨, 우주, 빛, 색 등을 묘사한다. 우리가 경험하거나 상상할 수 있는 모든 시각적인 요소는 다양한 시대와 문화권에서 예술로서의 틀을 갖추고 표현된다. 예술의 가장 큰 특성은 정보를 전달할 뿐만 아니라 감정이 내재되어 있으며, 깊이 있게 들여다볼 경우 폭넓은 감상을 유발한다는 점이다.

그림 1.1[2]은 이와 같은 예술의 특성을 보여주는 고대 이집트 작품이다. 익숙하고 알아보기 쉬운 부분도 있으나 어떤 부분은 신비로운 느낌을 준

다. 대부분의 미술작품은 이러한 두 가지의 속성을 모두 지닌다. 그림에서 사람이 몇 명인지 알아내는 것은 어렵지 않다. 둘은 아마도 어른일 것이며 왼쪽에 있는 사람이 남자, 다른 쪽이 여자일 것이다. 그러나 성별을 알아내는 일은 그렇게 단순하지 않다. 만약 이들이 부부라면, 작은 형상들은 자녀일 것이다. 그들이 편안하고 친밀해 보이므로 이러한 추론이 합리적인 듯하다. 그러나 이들에게는 정확하게 어떤 일이 있었던 것일까? 아이들은 성인의 축소판처럼 보이나 머리 부분이 다르다. 어른들에게는 왕관 같은 것이 있지 않은가? 이들은 신발만 신고 있고 다른 부위는 노출하고 있다. 이들은 실내에 있거나 따뜻한 곳에 살고 있었던 게 아닐까? 이들의 옷은 무엇으로 만들어졌을까? 이들은 왜 이렇게 닮은 것일까? 옆모습은 더욱 비슷하다. 테두리를 따라 글자가 보인다. 누군가는 이것을 전형적인 이집트의 상형문자라 생각할 것이다. 이 글자는 우리에게 무엇을

그림 1.1

말하는 것일까? 선으로 둘러싸인 원은 중앙의 윗부분에서 아래를 향하고 있다. 모든 선이 그림 속 형상으로 나아가는 것으로 보아 이 원은 태양이 아닐까? 이들은 태양과 특별한 관계를 가지고 있는 것일까? 두 어른의 형상은 발판에 발을 올려놓고 쉬고 있다. 이것이 우리에게 무엇인가 알려줄 수 있을까? 이는 무엇인가를 상징하는 것일까? 만약 그렇다면 무엇을 상징할까? 오른쪽에 있는 복잡한 모양의 기둥은 무엇을 의미할까? 왼쪽 코너에 있는 기둥은 일부가 파손되었으나 자세히 보면 돌의 일부분에 무언가 조각되어 있음을 알 수 있다. 이 작품은 오랜 시간 무슨 일을 겪었기에 파손된 것일까?

우리는 대상을 인지하고 확인하는 과정에서 대상에 대해 끊임없이 자문한다. 연구에 따르면 우리에게 호기심을 불러일으키는 것은 질문을 유발한다고 한다. 그러나 부모와 아이의 관계에 대해 확실하게 답해줄 수 있는 사람이 있을까? 이들은 서로를 조용히 응시하고 있다. 이들은 서로에게 무언가를 말하고 있는 것일까? 이집트를 전문적으로 연구한 학자도 이에 대해 정확히 답할 수 없을 것이다. 하지만 질문하고 생각하는 것은 그 자체만으로 흥미로운 일이다.

많은 작품이 각자의 방식으로 어머니와 아이를 묘사한다. 작품은 우리를 중세 유럽의 교회로, 아프리카의 마을로 데려다준다. 시각적으로 비슷한 작품일지라도 관람객의 반응은 꽤나 다르게 나타나곤 한다. 두 성모마리아 이미지도 다르게 이해될 수 있다. 한 작품은 공적이며 소박하고 신성하게, 다른 작품은 따뜻하고 모성적이며 세속적으로 해석되는 식이다.

우리에게는 작품을 자유롭게 해석할 권리가 있다. 시간을 들여 관찰하며 의문을 지니고 생각하는 것은 정당한 일이다. 그러다 보면 사고의 영역 아래에 있는 의미의 층위를 발견할 수 있다. 우리는 시간이 흐름에 따라 상징의 의미를 찾고, 숨겨진 은유에 대해 곰곰이 생각하게 된다.

미술작품에 관해 말하는 것은 재미있다. 관람객의 교육을 위해 선별한 작품이라면 더욱 흥미롭다. 미술작품은 대부분 인간의 고민에 대한 기록이며, 이는 내면의 깊은 긴장과 연관된다. 영적인 메시지를 전달하기 위해서는 감각과 이성에 호소할 뿐만 아니라 마음까지 사로잡아야 하기 때문에 미술작품과 종교 사이에선 시너지가 발생한다. 예술은 영적 체험의 수단이 될 수 있다. 예술은 우리가 그것을 경험할 준비가 되었을 때 우리의 영혼에 영향을 미친다. 그리고 정신적으로 풍요로워지고자 하는 것은 기본적이면서도 본연적인 행위다. 이는 유아기 때부터 형성된 본능이다.

현대에 미술작품은 뮤지엄이나 갤러리에서 접할 수 있지만, 우리는 굳이 시간을 내어 이를 감상할 필요가 없다. 집을 꾸미는 정도의 미적 체험만으로도 충분히 살아갈 수 있기 때문이다. 이러한 현실은 미술작품을 감상하기 위해서는 전문적인 지식이 필요하다는 인식을 심화시켰다.

이와 달리 얼마 전까지만 해도 삶과 예술은 분리되지 않았다. 현재 뮤지엄에 전시되어 있는 십자가에 못 박힌 예수 그림과 미국 원주민의 의례용 마스크는 모두 사회적 맥락에서 신성시되어 의례적으로 사용하던 것들이다. 최근 미술의 역할은 사회적 가치를 깊이 있게 나타내는 데서 예술가 개인의 아이디어와 느낌을 표현하는 것으로 변화하고 있다. 특히 혁신적인 작품을 제작하는 작가는 대중과의 거리감을 크게 고민하지 않고 사회와 고립되어 작업하곤 한다. 대부분의 사람들에게 예술은 장식적인 역할을 수행하는 것이지만 뮤지엄에 전시된 작품은 우리의 삶과 분리되어 있다. 이러한 괴리의 결과는 이미 모마에서 목격된 바 있다. 예술에 어느 정도의 관심이 있는 사람조차 미술작품을 감상하기 위해 도움을 필요로 하게 된 것이다.

우리는 하우젠과 함께 관람객에게 **감상 기술**을 효과적으로 가르칠 수 있는 방법을 고민했다. 우리는 관람객에게 각자의 생각을 바탕으로 작품의 다양한 의미를 고민하는 방법을 알려주고자 했다. 하지만 돌이켜보면 그들에게 필요한 건 감상 기술을 가르쳐주는 것이 아니었다. 모든 사람들은 이미 감상 기술을 가지고 있다. 따라서 그들에게 필요한 건 감상 기술을 새로 배우는 것이 아니라 이미 가지고 있는 기술을 활성화하고 연마하는 것이었다.

하우젠의 연구 결과는 이를 뒷받침한다. 하우젠은 각각의 감상 단계에 맞추어 특정한 "관람객의 질문"을 확인할 수 있음을 알아냈다. 예를 들어, 초보 관람객은 종종 그림의 외부에서 이야기를 만들려고 노력한다. 이들은 "여기에서 무슨 일이 일어나고 있을까?"라고 스스로에게 묻곤 한다. 이러한 질문은 생각을 구조화하여 초보 관람객을 보다 깊게 몰입하게 한다. 후에 하우젠과 내가 함께 수행한 연구는 이와 같은 구성주의자적 가정•에서 발전한 것이다.

우리는 연구를 수행하며 이것이 단순히 미술작품을 감상하는 데만 국한되지 않는다는 사실을 발견했다. 파악할 수 있는 정보와 미스테리한 요소를 적절히 조합해 미술작품의 의미를 찾는 일은 곧 문제를 해결하는 행위와도 같다. 즉, 우리는 미술작품을 감상하는 법을 배우는 동시에 문제

• 구성주의(Constructivism)는 인간이 자신의 경험으로부터 능동적으로 지식과 의미를 구성해낸다는 이론이다. 모든 지식은 객관적이거나 절대적이지 않고 맥락적이며, 인식의 주체인 개인에 의해 구성된다는 관점을 가진다.

를 해결하는 방법을 익힐 수 있는 것이다. 미술작품을 감상하는 일은 개미들이 어디로 향하는지 알아내기 위해 개미 줄을 따라가는 어린아이들의 행위와 비슷하다. 과거에 과학자들이 날씨와 역사를 함께 연구했던 것도 이와 같은 이치다. 감상을 시작하는 데 필요한 것은 시각과 기본적인 기억력, 열린 마음, 시간 그리고 탐험하기 위한 용기 정도가 전부다. 즉, 궁금증을 허락하는 것이 필요하다.

이를 발전시킨 방법이 바로 **시각적 사고 전략**Visual Thinking Strategy(이하 VTS)이다. 현재 많은 뮤지엄과 학교에서 사고력 신장을 위해 이를 활용하고 있다. 내가 이 책에서 다루고자 하는 것은 단순히 예술 영역에 한정된 감상 기술이 아니라, 학생들이 이해하기 힘든 개념을 쉽게 가르칠 수 있는 구체적인 학습 방법이다. 학생들은 VTS를 통해 다른 시대나 문화권의 이야기, 혹은 과학 지식 등을 자연스럽게 습득하게 된다. 뿐만 아니라 이는 글을 읽지 못하는 어린아이에게도 충분히 실행할 수 있다.

관람객의 질문은 그들 또한 어린아이처럼 어떠한 제약도 받지 않고 배울 필요가 있음을 보여준다. 이러한 방식대로라면 학교의 부담도 줄어들 수 있다. 베테랑 교육자이자 작가이며, 캘리포니아주 아도비 유니언 교육청의 전직 관리자인 다이앤 짐머맨 박사는 이를 다음과 같이 정리한다.

> 대부분의 저학년 교사는 학습 발달을 믿는다. 그러나 지난 수십 년 동안 유치원에서조차 문자 중심의 교육 방법을 강조했기에 우리는 아이들에게 보고 듣고 말할 수 있는 능력이 있다는 사실을 잊었다. 학교에 들어갈 때쯤, 아이들은 본능적으로 학습 능력을 키우고 세상을 인식한다. 인지적 창의성과 추진력이 발달하는 중간 연령 시기에도 아이들은 계속 보고 말해야 한다. 인간의 뇌는 모든 종류의 학습이 세계에 대한 깊은 이해로 이어지도록 설계되어 있다. 발달을 위해 처음에는 타인에게 의존해야 하지만 지식과 기술을

익히며 학생은 점점 독립적으로 능력을 개발하게 된다. 교사는 언제나 인터넷에서 풍부한 시각적, 청각적 자료를 찾아 학생을 도울 수 있다. 이를 하지 않는다면 모두에게 치명적인 손실일 것이다.

아이들은 기술과 지식을 습득하며 삶에 대해 배운다. 우리는 아이들에게 스스로 배울 수 있는 기회를 지속적으로 제공해야 한다. 그렇지 않으면 아이들은 무언가를 이해하기 위해 늘 도움을 필요로 하는 어른으로 성장할 것이다. 모마의 관람객들이 그랬던 것처럼 말이다. 지난 20년 동안 하우젠과 나는 VTS를 시행하는 비영리 기관인 VUE를 운영해왔다. 우리는 미술작품을 어떻게 보아야 하고 교사는 이를 어떻게 촉진해야 하며 이는 학생의 인식에 어떠한 영향을 미치는지를 연구했다. 초기 우리의 의도는 모든 관람객이 각자의 방식으로 미술작품에서 의미를 찾을 수 있도록 하는 것이었다. 하지만 VTS는 그 이상의 역할을 수행하게 되었다.

2장

VTS란 무엇인가

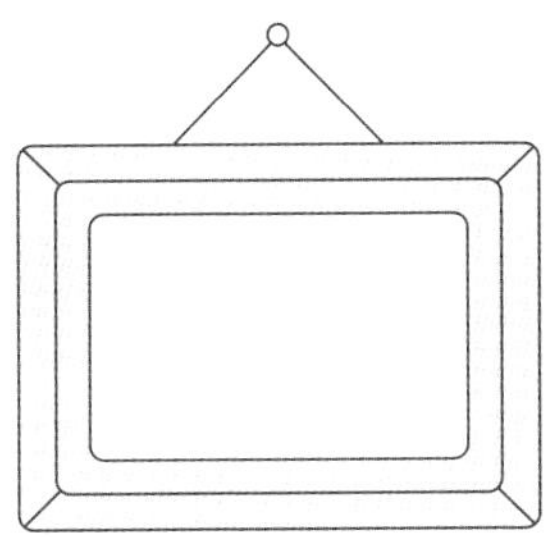

1991년 가을, 우리는 뉴욕의 5학년 교사 그룹과 함께 VTS에 관한 실험을 시작했다. 교사들은 모마의 성인 관람객과 같은 연령대였으며 우리와 오랜 기간 함께 일하며 연구를 도와준 이들이었다. 하우젠과 나는 먼저 VTS를 적용한 수업 방식을 관찰했다. 그리고 관찰 내용과 하우젠의 연구 프로토콜, 교사들의 보고 내용을 결합하여 VTS가 미치는 영향을 연구했다.

VTS의 기본적인 방식은 다음과 같다. 교사는 이미지를 신중하게 선택해 학생이 중심이 되어 이를 탐구하게 한다. 교사는 전체적인 과정을 진행할 뿐 권위적인 역할을 하지는 않는다. 그보다는 학생들이 교사의 도움을 받아 토의를 주도한다. VTS에서 교사는 촉진자로서 학생들이 다음을 수행할 수 있도록 돕는다.

- 미술작품을 주의 깊게 바라보기
- 관찰한 것에 대해 이야기하기
- 뚜렷한 근거를 들어 자신의 생각을 뒷받침하기
- 다른 사람의 관점을 듣고 이에 대해 생각하기
- 되도록 다양한 해석을 받아들이고 토의하기

하우젠과 내가 뮤지엄보다 학교 교육에 더 관심을 가지게 될 무렵, 교사들 또한 VTS 과정을 긍정적으로 받아들였다. VTS는 뮤지엄뿐만 아니라 학교에서도 활용되기 시작했는데 VTS가 학생들의 몰입도를 높인다는 점이 밝혀졌기 때문이다. VTS를 활용한 이미지 토의에 거의 모든 학생이 참여했다. 이는 VTS의 가장 즉각적인 효과이자 지속적으로 들려오는 피드백이다. 기존에는 수업 시간에 딴청을 피우던 학생들도 집중하는 모습을 보였다. 무엇보다 학생의 학업 성취도에 따라 다르게 적용할 필요도 없어 보였다.

그림 2.1

1991년에 처음으로 시행된 이후 VTS는 미국 전역과 다른 나라의 몇몇 초등학교 교육과정에 사용될 정도로 널리 퍼졌다.(교육과정과 관련된 보다 자세한 내용은 이번 장의 끝부분에서 다루도록 하겠다.) 캘리포니아주의 서노마 카운티에서 근무하는 경력이 풍부한 6학년 교사 트레이시 매클루어의 글에서 교사들이 왜 VTS에 대해 관심을 가지게 되었는지를 살펴볼 수 있다. 트레이시는 VTS 방식으로 학생들과 그림 2.1[1]에 대해 토의한 후 이를 묘사하는 글을 저널에 실었는데 여기서 VTS의 가치가 여실히 드러난다.

두 번째 이미지를 다룰 때까지 대화는 생동감이 넘쳤다. 한 학생은 그림 속 남자와 아이가 전자 기타를 가지고 있지만, 기타가 전원 장치에 연결되어 있지 않고 소녀 또한 신발을 신지 않았기 때문에 그들은 가난할 것이라고 생각했다. 다른 학생들도 이에 동의했다. 그들은 펜스가 나무로 만들어졌고, 뒷마당의 아이들이 더러운 옷을 입고 있으며 출입문이 허술하다는 점을 지적하면서 그들이 가난할 것이라는 증거를 제시했다.

이 시점에서 다른 이야기가 나오기 시작했다. 종종 친구들에게 따돌림을 당하던 학생이 입을 열었다. "저는 이 사람들이 가난하다고 생각하지 않아요. 누구나 오래되고 더러운 옷을 입을 수 있어요. 또한 이들이 맨발이긴 하지만, 자신들이 원하는 다른 것을 사는 데에 돈을 썼을 수도 있어요. 이들은 우리와 문화가 다른 나라의 사람들이기 때문에 자신만의 방식으로 펜스와 집을 지었을 수도 있다고 생각해요." 나는 그 아이를 괴롭히던 친구들이 조롱과 야유를 보낼 것이라 생각했다. 그러나 놀랍게도 아무도 그렇지 않았고, 누구도 삐딱한 시선으로 바라보지 않았으며, 비웃는 듯한 이상한 웃음도 터져 나오지 않았다. 대신에 학생들은 고개를 끄덕이거나 생각에 잠겨 이마를 찡그렸다. 곧 다른 아이가 손을 들고 물었다. "음, 그렇다면 가난의 의미는 대체 무엇일까요? 이 사람들은 매우 행복해 보여요. 소녀는 웃고 있고, 뒷마당에 있는 키 큰 아이도 그래요. 그리고 아버지로 보이는 남자도 발을 보면 거의 춤추는 것 같아요. 이 사람들은 돈이 많지 않을 수도 있지만, 저는 이들이 가난하다고 생각하지 않아요. 왜냐하면 이들은 중요한 것을 많이 가지고 있는 것 같으니까요." 심장이 뛰기 시작했다.

많은 교사가 이와 비슷한 이야기를 했다. 그들은 우리에게 특별한 이야기를 전해주었다. 학생들이 VTS 토의를 통해 배운 기술을 다른 수업에도 적용한다는 것이었다. 교사들은 VTS를 통해 획득한 비판적 사고가 다른 과목에도 전이된다는 사실을 발견했다. 하우젠은 연구를 통해 VTS가 여러 가지 사고 기술을 발전시키며 이것이 다른 탐구 영역으로까지 이어진다는 것을 확인했다.

하우젠의 초기 연구는 순전히 감상 기술의 발전이 미술작품에 관한 사고에 미치는 영향만을 알아내려고 했다. 하지만 미술작품에 대해 이야기하는 것이 예술적 영역을 넘어 시각과 사고를 연결하는 힘을 강화하고 인지를 촉진한다는 사실을 발견했다. 우리는 학생들의 글쓰기에 나타난 VTS 효과를 모아서 문서화하기 시작했고, 결과적으로 대부분의 경우에 그 효과가 나타난다는 것이 입증되었다. 더 나아가 많은 교사가 VTS를 다른 과목에 적용할 때 학습 간에 상호 작용이 일어난다는 사실을 보여주었다.

VTS란 무엇인가

VTS를 시작하기 전에 VTS가 무엇인지 살펴볼 필요가 있다.

VTS는 미술작품을 활용해 시각적 문해력[●]과 사고력, 타인의 말을 듣고 자신의 의견을 표현하는 의사소통 기술을 가르치고자 한다. VTS의 목표는 다음과 같다.

- 미술작품을 점점 더 복합적으로 바라보기
- 발달 단계에 맞추어 질문에 대답하기
- 교사의 주도 아래 또래 그룹의 토의에 참여하기

다음은 VTS를 배운 첫해, 4학년 학생이 그림 2.2[2]를 보며 나눈 이야기 중 일부다.

교사 좋아요. 모두 이 그림을 바라보세요.
(잠시 쉬는 시간을 가진 후 다시) 이 작품에서 무슨 일이 일어나고 있나요?

학생 1 제 생각에 이들은 가난한 가족인 것 같고, 어린 딸과 아빠가 있어요. 아마 엄마는 떠난 것 같아요. 그리고 약간 작은 곳에서 살고 있어요. 그 이유는 소녀인지 소년인지는 잘 모르겠지만, 어린아이가 울고 있기 때문이죠. (학생이 말할 때 교사는 계속해서 그가 언급한 것을 가리켰다: 가족, 아빠, 아이들, 공간)

교사 그래요. 그래서 이들이 가족이며 가난하다고 생각했군요. 아마도 엄마는

● 시각적 문해력(visual literacy)은 시각적 이미지를 이해하며 적절한 전략을 활용해 의미를 생성하는 보편적 인지 능력을 의미한다. 현대 사회에서는 이미지뿐만 아니라 영상 등의 시각 매체를 비판적으로 수용하고 적절히 활용하며 나아가 창조하는 능력을 의미하기도 한다.

그들을 떠난 것 같고요. 무엇을 보고 이들이 가난하다고 말했나요?

학생 1 왜냐하면 그들이 좋은 집을 가진 것처럼 보이지 않기 때문이에요. 제 생각엔 저들은 저 집에 살아요. 그들은 좋은 옷도 입고 있지 않죠. 옷은 모두 망가지고 찢어진 것처럼 보이고, 아이들의 옷은 아주 더러워요.

교사 그렇군요. 그래서 그런 몇 가지 근거를 들어 그들이 가난할 것이라고 생각했군요. 사진의 배경도 보았네요. 그들이 아주 평범한 집에 살고 있다고 생각했고, 그들의 옷을 보고 그것이 찢어지고 때 묻었다는 것을 알았군요. 좋아요. 또 무엇을 더 찾을 수 있을까요?

학생 2 음. 제 생각엔 저들은 가난한 가족이고, 아마 엄마는 죽었고 또 무슨 일이 일어난 것 같아요. 그리고 저들은… 저는 줄리안 의견에 동의해요. 제 생각에도 그들은 약간 작은 집에 살고, 아마 끔찍한 폭풍이 일어난 것 같아요.

교사 좋아요. 다른 의견을 갖고 있군요. 엄마에 대해서 궁금하군요. 무엇을 보고 엄마에게 무슨 일이 일어난 것 같다고 말했나요?

학생 2 왜냐하면 그들은 진짜 화가 난 것 같고, 사진에 엄마가 없기 때문이에요.

교사 그렇군요. 엄마가 보이지 않고, 여기 있는 사람들이 이 때문에 속상해 한다고 생각했군요. 뭘 보고 화가 났다고 생각했나요?

학생 2 그들은 웃지도 않고, 어린아이는 울고 있는 것처럼 보이기 때문이에요.

교사 그렇군요. 그들의 얼굴 표정에 주목해서, 아무도 웃고 있지 않다는 사실을 발견했군요. 어린아이가 실제로 우는 것일 수도 있겠어요. 좋아요. 또 무엇을 더 찾을 수 있을까요?

학생 3 글쎄요. 저는 그들이 가난하지 않다고 생각해요. 왜냐하면 그들이 어떻게 보이는지는 중요하지 않기 때문이에요. 왜냐하면 그들은 정원 손질 같은 것을 막 끝냈을 수도 있고, 그렇다면 먼지 때문에 방금 더러워진 것이니까요. 그리고 집은 제 생각엔 평범해 보여요. 왜냐하면 우리들 집도 그렇거든

그림 2.2

요. 이 사진은 집의 일부분만 보여줄 뿐이에요.

교사 좋아요. 또 다른 해석이군요. 만약에 사람들이 정원을 손질했다면, 저 사진처럼 찢어지고 더러운 옷을 입을 수도 있겠군요. 우리는 그들의 상황에 대해서 모든 것을 알 수는 없지요.

학생 3 그들이 좋은 옷을 입지 않았다고 해서 가난한 건 아니에요.

교사 해진 옷을 입고 있는 것이 반드시 가난하다는 의미는 아니라는 거군요. 아마 일하다가 잠시 쉬고 있는 것일 수도 있어요. 우리는 저 사람들이 있는 곳이 어디인지에 대해 모든 것을 알 수 없으며, 단지 배경의 일부분일 뿐 일반적인 집일 수도 있다고 지적했어요. 좋아요. 사진을 보는 또 다른 방법이군요. 더 찾을 수 있는 게 있을까요?

학생 4 제 생각엔 이 사람들은 가난하며, 엄마는 죽었고 바로 여기 있는 아들은 정말 슬퍼하며 울고 있어요. 그리고 아빠는 아마 엄마가 죽은 지 얼마 되지 않았기 때문에 슬프고 화난 것처럼 보여요. 일거리도 별로 없고 아이들을 돌보고 음식을 해줄 누군가가 필요해요. 글쎄요, 제 생각엔 그들은 작은 농장을 가지고 있고 아빠는 울음을 그치게 하려고 아들에게 뭔가 말하는 것 같아요. "네 엄마란다." 아빠를 바라보고 있는 소녀는 아빠가 말하는 것을 믿지 못하는 것 같아요.

교사 좋아요. 전체적인 이야기와 함께 부분을 상상하기 시작했군요. 여러분 대부분이 하는 이야기는 엄마가 돌아가셨고, 그들은 남겨져서 해야 할 일들을 잘 하려고 애쓰고 있다는 거네요. 선생님은 무엇을 보고 이들이 울고 있는 것처럼 보인다고 말했는지 궁금해요.

학생 4 소년이 아빠의 팔을 잡고, 이렇게 아래를 내려다보고 있기 때문이에요.

교사 그렇군요. 소년은 외면한 채 머리를 약간 숙이고 아빠의 팔을 잡고 있군요. 그리고 이 때문에 소년이 아주 슬프다고 생각했군요. 다른 의견은 없나요?

학생 5 제 생각엔 그들은 늘 엄마랑 많은 일을 했기 때문에, 엄마 없이 산다는 것에 대해 아주 괴로워하고 있어요. 그래서 지금 삶이 아주 힘들어요. 또한 아빠 팔 뒤에 양동이가 있는 것으로 보아 그들은 물을 긷기 위해 우물로 가야만 하는 것 같아요. 그래서 제 생각엔 그들은 가난해요.

교사 좋아요. 엄마를 잃었기 때문에 아주 힘들다는 생각에 동의하고 있군요. 삶이 점점 더 어려워졌고 엄마를 그리워하고 있어요. 그리고 우리가 미처 알아차리지 못했던 양동이같이 생긴 물건을 발견했군요. 이는 우물에서 물을 길어야 한다는 것을 의미하기에 돈이 별로 없을 수도 있다는 가능성을 생각해냈어요. 또 무엇을 더 찾을 수 있을까요?

학생 6 저는 엄마가 그림에 없다고 해서 죽었다고 생각하지는 않아요. 엄마는 집 안에서 청소하거나, 어딘가에서 잠자리를 정돈하고 있을 수 있어요. 아니면 정원을 가꾸고 있을 수도 있고요.

교사 그렇군요. 그림에 엄마가 없는 이유를 설명해줄 다른 가능성이 있네요.

여기에서는 대화 내용을 줄여서 소개했지만, 실제로는 여성이 그림에 없다는 점과 그들의 경제적 상황, 그리고 학생들이 아빠라고 생각하고 있는 사람의 기분에 대해 몇 분 동안 더 토의가 지속되었다. 우리는 이것만으로도 관찰하고 생각하며 말하는 사람으로서의 학생의 역할과 중립적인 촉진자로서의 교사의 역할을 충분히 살펴볼 수 있다.

교사는 기본적으로 토의 과정에 약간 거리를 두고 학생들이 꼼꼼하게 관찰하며 의견을 나누고 다양한 요소에 주목해 여러 정보를 발견할 수 있도록 도와야 한다. 더불어 학생들의 의견을 하나의 가능성으로 보고 다른 말로 바꾸어 표현함으로써 다양한 해석이 있을 수 있다는 사실을 보여주어야 한다. **아마** 이 가족은 가난하고, 아이는 울고 있을 **수도 있다**는 식으로 말이다. 교사는 또한 학생들의 이야기를 연결하며 모든 해석은 여러 가능성의 일부일 뿐이라는 사실을 강조해야 한다. 학생들은 사진 속에서 일어나는 일을 이해하기 위해 알고 있는 것을 바탕으로 그럴듯한 해석을 내놓고 교사는 수업이 끝날 때까지 하나의 합의에 도달하려고 하지 않는다. 대신 교사는 진지하게 임해준 것에 고마움을 표하고 학생들의 태도를 칭찬하며 다른 이미지에 대해서도 이야기할 준비가 되었는지 물어본다.

VTS의 구성 요소

VTS 과정을 다음과 같이 요약할 수 있다. 먼저 교사는 주의 깊게 이미지를 선택하여 학생들에게 잠시 동안 조용히 바라보라고 한다. 다음으로 학생들에게 구체적이되 정답이 정해지지 않은 몇 가지의 질문에 대답하도록 한다. 교사는 오로지 학생이 말하는 것을 **듣고**, 그들이 언급한 것을 **가리키고**, 각각의 의견에 **반응하고**, 모든 학생의 생각을 다른 표현으로 **바꾸어 말한다**. 교사가 의견을 더하거나 정정하지 않고 특정한 방향으로 관심을 유도하지 않으며 촉진자에 머무르는 동안, 학생들은 스스로 의견을 모은다. 이러한 과정에는 대략 15분에서 20분 정도가 소요된다.

다음으로 각각의 요소에 대하여 상세하게 논의하도록 하겠다.

그룹

토의를 위해서는 구성원과 주제가 필요하다. 여러 방식으로 관찰하고 새로운 의견을 제시할 수 있도록 다양한 특성을 지닌 충분한 인원으로 그룹을 구성해야 한다. 그룹의 구성원은 또래거나 서로 다른 경험을 가지고 있으면서도 발달 단계와 사전 지식은 비슷한 것이 좋다. VTS를 시행하면서 교사는 30명이 넘는 학급을 어떻게 운영해야 하는지에 대해 배울 수 있으며, 때로는 토의를 위해 학급을 두 그룹으로 나누기도 한다.

토의 주제 : 미술작품

미술작품은 학생의 참여를 유도하는 연결고리다. 부모나 교육자가 아이의 관심을 끌기 위해 책을 고르는 것과 같은 방식으로 미술작품을 선택해야 한다. 미술작품은 학생들이 쉽게 인지할 수 있으면서도 미스테리한 요소가 있어 골똘히 생각하며 관찰할 수 있는 것이 좋다. 주제는 학생들이 배경과 관심을 다양하게 활용할 수 있도록 다채로워야 한다. 미술 양식과 표현 재료 또한 다양해야 한다. 다채로운 시각적 어휘는 여러 이미지를 해독할 수 있는 감각을 길러준다.

분명한 정보와 애매모호한 부분, 다양한 소재와 기법이 담긴 미술작품은 깊이 있고 꼼꼼하게 관찰하는 능력을 키우는 데 매우 유용하다. 미술작품은 VTS의 기초이자 학생들에게 영향을 미치는 기본적인 요소다. 학생들은 교사가 신중하게 선택한 이미지에 몰입하며 관찰력을 발전시키고 복잡한 현상의 의미를 찾아내는 데 익숙해진다. 미술작품을 이용하여 길러진 능력은 다른 탐구 활동으로도 이어진다. 결과적으로 교사는 다른 수업에서도 VTS를 쉽게 응용할 수 있게 된다.

조용히 바라보기: 대화하기 전에 바라보도록 하기

현대 사회에서는 시간을 가지고 집중하는 일이 점차 줄어들고 있지만 어떤 주제에 관해 진지하게 생각하는 일은 반드시 필요하다. 학생들이 적극적으로 손을 들어 발표하는 것 못지않게 말하기 전에 생각할 시간을 주는 것이 중요하다. 따라서 VTS는 본격적인 토의에 들어가기 전 미술작품을 감상할 시간을 제공하며 교사는 학생들이 조용히 생각하며 볼 수 있도록 보통 1분 정도의 시간을 준다.

정교하게 구성된 질문은 학생들이 탐구하는 분위기 속에서 활발하게 말할 수 있도록 자극한다. VTS에서는 적절한 질문을 활용하여 학생들이 낯선 사물에 대해 추론하도록 한다. VTS에서 사용하는 표현과 질문은 모두 하우젠의 연구에서 나온 것이다.

- 이 그림에서 무슨 일이 일어나고 있나요?
- 무엇을 보고 그렇게 말했나요?
- 또 무엇을 더 찾을 수 있나요?

첫 번째 질문 "이 그림에서 무슨 일이 일어나고 있나요?"는 미술작품의 의미에 대해 탐구하게 한다. 단순히 무엇을 그렸는지가 아니라 미술작품이 어떠한 내용을 전달하는지에 대한 질문이다. 질문에 사용된 표현도 친숙하다. 우리는 평소에도 스스로에게 이와 같이 질문하곤 한다. 이는 모든 종류의 대답이 허용되는 열린 질문이다. 이 질문은 학생들이 묘사된 것에서 이야기를 찾아내고 보이는 것 이상을 관찰하여 숨겨진 현상을 밝혀내도록 독려한다. 하우젠의 연구는 미술작품 속 의미 만들기가 학생들의 인지 범위 안에서 이루어진다는 것을 보여준다. VTS는 학생들로 하여금 우선 직관적이며 무작위적으로 관찰한 후 관찰한 내용을 연결하여 작은 이야기를 만들어내도록 한다. 오리건주 포틀랜드의 2학년 교사인 데브라 비그나에 의하면 VTS를 통한 의미 만들기에 익숙해진 한 학생은 이야기가 없는 이미지를 보고 "진짜 그림이 아니"라고 불평했다고 한다.

처음에 하우젠과 나는 "이 그림에서 무슨 일이 일어나고 있나요What's going on in this picture?"와 "이 그림에서 무엇을 볼 수 있나요What do you see in this picture?"가 같은 질문이라고 생각했다. 그러나 우리는 후자의 질문이 정교한 사고를 덜 촉진하며, 네다섯 살 아이들에게는 적합하나 더 높은 연령대의 아이들에게는 충분하지 않다는 사실을 알게 되었다. 이 질문은 간단하지만 학생들이 어휘를 학습하도록 돕는다. 신경과학자들은 이미 시각과 사고의 상관 관계를 밝혀낸 바 있다. 이 질문은 신경 경로를 지속적으로 사용하여 뇌의 감각적인 인식을 받아들이는 부분과 언어 중추를 연결한다.

두 번째 질문 "무엇을 보고 그렇게 말했나요?"는 학생들을 자연스럽게 추론으로 이끈다. 학생들은 이미지를 기반으로 하여 해석의 근거를 제시하게 된다. 네다섯 살 어린이도 이런 방식으로 질문하면 단기간에 놀라울 정도로 사고력의 발전을 보여주곤 한다. 이를테면 개 두 마리가 있는 이미지를 보여준다고 하자. 한 마리는 작지만 기운 차고, 다른 한 마리는 크지만 게으르다. 또는 한 마리는 미소 짓고 있고, 다른 한 마리는 찡그리고 있다. 아이들은 시각과 사고를 사용해 추론하며 두 마리의 개가 서로 다르다는 것을 이해하게 될 것이다.

VTS 토의에서 자주 사용되는 세 번째 질문 "또 무엇을 더 찾을 수 있나요?"를 통해 의미 만들기 과정이 심화된다. 아기들은 하나의 사물을 오랫동안 응시하곤 하는데, 이는 영아기나 유아기 때부터 집중력이 형성되기 때문이다. 이 질문은 이러한 인간 본연의 행동을 유발한다. 아이들뿐만 아니라 때로는 성인들도 스스로의 집중력이 짧음에 한탄하곤 한다. 하지만 흥미로운 이미지를 제공하고 적절한 방식으로 안내한다면, 학생들은 대부분 기대했던 것보다 더 오랫동안 집중해서 주제를 살펴본다.

VTS 질문에 답하는 데 익숙해지면 아무리 판단을 빨리 내렸을지라도 깊이 관찰하고 고민해 기존의 생각을 변화하거나 확장할 수 있다. 뿐만 아니라 사고를 확장하는 것을 넘어 사회에 유연하게 대처하는 능력을 기르게 된다. 실제로 트레이시의 수업에서 친구들에게 괴롭힘을 당하던 약한 학생도 다른 아이들을 놀리곤 했던 학생의 의견에 논리적으로 반박할 수 있었다. VTS 토의에서 놀림받던 아이의 의견은 무시당하지 않았고, 모두의 의견이 받아들여졌다.

VTS 질문은 하우젠의 실증적인 데이터에서 착안했다. 하우젠은 초보 관람객에게 나타나는 공통적인 패턴을 밝혀낸 후 이를 바탕으로 자연스럽게 이들의 흥미를 유발할 수 있는 세 가지의 질문을 생각해냈다. 그는 현장 연구를 통해 다양한 질문 후보 중 가장 적절한 질문을 선별했다. 특히 앞서 언급한 2학년 교사 데브라 비그나가 유의미한 정보를 제공했다. 그는 다음과 같은 사실을 발견했다. "제가 수업에서 '**그 밖에** 다른 무엇을 찾을 수 있나요What else can you find?'라고 물으면 학생들은 입을 다물었습니다. 미처 파악하지 못한 특별한 것을 찾아야 한다고 생각했기 때문입니다. 그러나 '또 무엇을 **더** 찾을 수 있나요What more can you find?'라고 질문하자, 학생들은 다시 말하기 시작했습니다."

우리는 교사에게 계속 질문하여 학생들로 하여금 질문에 익숙해지도록 하고 이를 사고 과정의 일부로 받아들이게 할 것을 요청했다. 이는 아주 중요한 요소다. 우리는 질문이 학생들의 인지적 습관으로 자리 잡기를 바랐다. 여러 조사는 학생들이 질문하는 습관을 기를 수 있음을 보여주었고, 더 나아가 질문하는 습관을 통해 미술작품뿐만 아니라 낯선 내용에서도 의미를 발견할 수 있음을 입증했다.

워싱턴주 스포캔에서 6학년 학생들을 가르치는 교사 레이철 젠더는 다음과 같이 예리하게 지적했다. "무엇보다 교사들이 질문을 이해해야 합니다. 교사가 제대로 기억하지 못하거나 다음 내용을 기억하기 위해 애쓰는 것처럼 보이면 아이들은 토의를 부담스럽거나 부자연스럽다고 느낍니다. 일단 교사가 질문을 완벽하게 숙지해야 다음 순서로 넘어갈 수 있고, 더 자유롭게 학생들과 함께할 수 있습니다."

촉진: 학생의 이야기에 반응하기

교사는 토의를 촉진해야 한다. 학생들이 관찰한 내용을 가리키고 모든 의견에 응답하며, 이를 다른 말로 바꾸어 표현하고 여러 대답을 연결해야 한다. 각각에 대한 보다 자세한 설명은 다음과 같다.

가리키기 pointing 교사는 학생이 관찰한 것을 가리킴으로써 학생이 말하고자 하는 것을 교사가 이해한다는 사실을 보여주고, 다른 아이들 역시 토의에 집중하고 있다는 것을 알려주어야 한다. 관리자이자 교사였던 다이앤 짐머맨은 가리키기를 **시각적인 바꾸어 말하기**visual paraphrasing라 표현한다. 학생은 가리키기를 통해 교사가 자신의 이야기를 보고 있다고 느끼며, 때로 교사가 잘못 가리킨다면 직접 고쳐주기도 한다.

학생이 관찰한 내용을 가리키며 다른 학생들에게도 놓치기 쉬운 부분을 알려줄 수 있고, 이로써 모두가 더 많은 것을 발견할 수 있다. 특히 단어를 이미지와 연결하는 것은 어휘력을 키우는 데 효과적이다. (간단하게 짚고 넘어가자면, 영어가 모국어가 아닌 학생들을 가르치는 교사에게 이는 매우 중요한 문제다. 많은 교사가 VTS의 전 과정이 학생들의 역량과 자신감을 향상시킨다는 사실을 발견했다. 이는 3, 4장에서 보다 자세히 다루도록 하겠다.)

바꾸어 말하기 paraphrasing 교사는 각각의 의견을 정확하게 바꾸어 표현해주어야 한다. 이는 교사가 발표 내용을 들었을 뿐만 아니라 학생이 말하고자 하는 것을 이해하고 있다는 사실을 드러낸다.

바꾸어 말하기는 적극적인 듣기 행위로, "나는 네가 말한 것을 잘 듣고 있으며, 그것을 나의 언어로 표현할 수 있을 만큼 아주 잘 이해하고 있다"고 말해주는 것과 같다. 스포캔에서 근무하는 4학년 교사 린다 스가노는 바꾸어 말하기를 다음과 같이 표현했다. "바꾸어 말하기는 누군가가 말한 것을 완전히 이해했으며, 바꾸어 말할 정도로 그들의 말을 존중한다는 것을 보여주는 행위입니다." 이는 전 학년에 걸쳐 VTS를 실시하는 그의 학교에서 교사와 학생 간의 관계를 바꾸어 놓았다. 린다는 바꾸어 말하기 위해 다음과 같은 태도가 필요하다고 덧붙였다. "교사는 모든 말에 주의를 기울여야 합니다. 이로써 학생들에게 경청하는 태도의 중요성을 알리며, 적절한 방식으로 '왜'라고 물을 수 있습니다."

다른 사람이 스스로를 이해한다고 느끼는 것은 매우 중요하다. 하지만 아마도 모든 아이들이, 때로는 어른들조차 누구에게도 이해받지 못한다고 생각한다. 학생이 말하는 것을 듣고 대답함으로써 교사는 학생 모두에게 스스로가 매우 가치 있으며 무슨 일이든지 할 수 있다는 인식을 심어줄 수 있다. 이러한 인식이 학습의 시작이다. 교사가 모두를 이해하고 공평하게 대한다고 느낄 때 학생들은 수업에 편안하게 참여하며 말하는 것에 부담감을 덜 가지게 된다. 바꾸어 말하기는 현실적인 방법이기도 하다. 대규모 수업에서는 모두의 이야기를 듣는 것이 어려울 수 있지만, 그룹 수업에서는 모두가 서로의 이야기를 들을 수 있기 때문이다.

무엇보다 바꾸어 말하기는 학생의 언어 발달을 돕는다. 능숙하고 주의력이 높은 교사는 학생들의 산발적인 대답을 더 생생하고 명확하게 바꾸어 표현할 수 있다. 교사는 학생을 돕지만, 학생은 지적받는다고 느끼지 않는다. 교사는 자연스럽게 학생이 풍부한 어휘와 정교한 문법, 정확한 언어를 구사하도록 유도할 수 있다. 학생은 자신의 생각을 더 좋은 표현으로 들음으로써 스스로 더 똑똑해졌다고 느낀다. 예를 들어, 앞서 살펴본 토의에서 교사는 "옷은 모두 망가지고 찢어진 것 같고, 아이들의 옷은 아주 더러워요"라는 학생의 말을 "옷을 보고 찢어지고 때 묻었다는 것을 알았군요"라고 바꾸어 말했다. 이런 경우에 여러분은 학생들의 표정에서 "네 맞아요! 바로 그게 내가 말하고자 하는 거예요"라는 생각을 읽을 수 있을 것이다. 교사는 학생들의 말을 지적하거나 정정하지 않고 다만 다른 방식으로 표현했다. 교사는 모범적인 듣기 태도를 보여줌과 동시에 간단한 구문에 풍부한 어휘를 녹여내며 적절한 언어 사용의 예시를 제시했다. 교사는 간접적이면서도 적절한 방식으로 가르치고 있는 것이다.

린다는 학생의 의견에 주의 깊게 반응했다. 학생이 발표한 내용이 아무리 정확할지라도 그는 이를 우회적으로 표현했다. 이는 흑백논리로 이분되지 않고 다양한 해석의 가능성을 열어두는 예술의 또 다른 측면을 강조한 것이다. 교사는 학생이 호기심을 느끼도록 유도해야 하지만, 하나의 정답을 찾는 것을 목표로 하는 교육 현실에서 이는 이루어지기 힘든 일이다. 이에 반해 VTS 토의는 학생들이 문제에 다양한 방식으로 접근해 여러 해결책을 생각하도록 유도한다. 사실 현실의 문제는 대부분 간단하지 않으며, 단 하나의 우세한 관점으로 판단하거나 설명할 수 없다.

연결하기 linking 가리키기와 바꾸어 말하기를 통해 교사는 수업에서 학생 개개인의 역할이 매우 중요하다는 사실을 알려준다. 더 나아가, 교사는 무작위로 흩어져 있는 각각의 대답을 연결함으로써 의견이 어떻게 상호 작용하는지를 보여줄 수 있다. 합의가 이루어진 생각을 연결할 때 교사는 때로 같거나 비슷한 결론을 도출할 수 있음을 밝힌다. "몇몇 친구들이 그렇게 보았군요"와 같이 말하며 말이다. 반면 합의가 이루어지지 않은 생각을 연결할 때에는 우리는 모두 다른 사람이니 다르게 반응할 수 있다는 점을 분명히 지적한다. 이런 경우에는 "우리는 다양한 의견을 가지고 있군요"와 같은 표현을 사용한다.

연결하기는 초반의 관찰과 추론이 어떻게 다른 의견으로 이어지는지를 보여준다. 앞서 예시로 든 수업에서 교사는 "엄마가 보이지 않는다는 것을 알아차렸지만, 엄마가 집 안에서 무언가를 하고 있을 수도 있다고 생각했군요"라고 말하며 학생의 의견을 전에 언급한 이야기와 연결했다. 연결하기는 초반의 생각이 어떻게 발전하고 때로는 변화하는지 보여주며, 새로운 사실을 덧붙여 다른 의미를 만들어낼 수 있다는 사실을 알려준다. 학생들은 서로의 이야기를 들으며 다른 방식으로 생각하게 된다. 그들은 다른 사람의 견해를 바탕으로 의견을 형성할 수 있으며 기존의 생각을 바꿀 수도 있다는 사실을 알게 된다. 교사는 모든 이야기를 놓치지 않고 연결하여 다양한 의견이 모일 때의 장점을 극대화해야 한다.

VTS의 기본은 교사가 중립적인 태도를 견지하고 편견을 보이지 않는 것이다. 학생들은 교사의 도움을 받지 않고도 무언가를 이해할 수 있다. 지식은 단순히 교사나 부모, 다른 매체에 의해 전달되는 것이 아니다. 학생들은 문제를 스스로 해결하며 지식이 어떻게 형성되는지 깨우친다. 그들은 주체적으로 생각하고 이야기를 나누며 서로 다른 의견이 새로운 생각으로 이어질 수 있음을 알게 되고 철저하게 검토하며 토의하는 과정에서 특정 주제를 이해할 수 있다는 사실을 깨닫는다. 학생들은 점차 의견 충돌을 흥미로운 것으로 여기게 되며, 하나의 정답을 찾는 데 급급하기보다 다층적인 해결책을 열어두게 된다.

몇 년 동안 VTS를 시행해 온 짐머맨에 따르면, 아이들은 VTS를 통해 "미묘하게 다른 사고"를 할 수 있다. VTS는 "심층적인 학습을 위한 스캐폴드*"다. VTS에 익숙해지며 학생들은 대부분의 현상이 옳고 그름이 아

* 스캐폴드(Scaffold): 레프 비고츠키는 타인과의 상호 작용을 발달의 중요한 요소로 여기며 현재의 발달 수준과 잠재적 발달 수준 사이를 근접발달영역(zone of proximal development, ZPD)이라 지칭한다. 이때 학습자의 실제 발달 수준보다 조금 높은 수준의 과제를 해결할 수 있도록 하기 위해 상위 학습자나 교사, 혹은 부모가 도움을 주는 것을 비계(飛階, 건축 공사장에서 사용하는 임시 발판), 즉 스캐폴딩(scaffolding)이라고 한다.

닌 가치 판단의 문제이며, 특정 주제를 여러 측면에서 돌아볼 수 있고 다양한 방식으로 문제를 해결할 수 있다는 사실을 인식한 채 초등학교를 졸업한다. 이는 상급 교육기관과 직장에서 요구하는 21세기의 필수적인 기술로, 공통핵심기준●의 궁극적인 목표와도 부합한다.

마무리: 수업 정리하기

처음에 몇몇 학생은 토의가 끝난 후 "우리가 제대로 말한 게 맞나요?"라고 물어본다. 과거의 경험으로 미루어 보아 교사가 정답을 알고 있으리라고 생각하는 것이다. 그러나 토의가 옳고 그름을 나누기 위함이 아니라 생각하는 방식을 연습하기 위한 것이라고 이야기해주면 학생들은 편안하게 수업에 참여한다. 바꾸어 말하기와 연결하기를 통해 학생들은 스스로, 혹은 서로 도우며 근거를 바탕으로 의견을 구축하는 능력을 키운다.

교사는 VTS 토의에 적절한 마무리가 필요하다고 느낄 수도 있다. 토의가 학생에게 어떠한 영향을 미치는지 그 효과가 즉각적으로 드러나지 않기 때문이다. 하지만 학생들이 진행한 토의는 전문가들이 하는 것 못지않게 중요한 주제에 관한 진지한 탐구를 담고 있다. 토의에서 나온 다양한 의견을 요약하려고 하면 몇몇 답변을 생략할 수밖에 없어 모든 이야기를 동등하게 존중하기가 힘들어진다. 따라서 요약은 필요하지 않다. 연결하기를 통해 토의의 성과를 보여준 것만으로 토의는 이미 잘 마무리된 것이다.

● 공통핵심기준(Common Core standards)은 미국에서 2009년 CCSSO(Council of Chief State School Officers)와 NGA(National Governors Association Center for Best Practices)가 작성한 "성공적인 대학 진학 및 진로 준비를 위한 기준"을 토대로 개발됐다. 미국 전역의 모든 학생이 대학 진학 및 진로, 취업에 성공적으로 대비할 수 있도록 주 정부가 공통 기준을 제시한 것이다. (http://www.corestandards.org 참고)

약 20분간의 토의가 끝난 후에도 학생들은 보통 더 발표하고 싶어 한다. 점차 교사가 그림에 대해 알고 있다는 의심을 거두기 때문이다. 그들은 어려운 주제를 진지한 자세로 탐구했다고 자부한다. 그들에게는 여전히 말할 것이 남아 있다.

따라서 VTS 토의는 대부분 교사가 학생들에게 적당히 고마움을 표시하는 것으로 마무리되며, 교사가 학생들로부터 배운 것을 나눈다면 가장 좋다. "여러분이 그림에서 저보다 많은 것을 발견했다니 자랑스러워요"라고 말하는 식이다. 그러나 하우젠은 이보다 더 좋은 방법이 있을 것이라 생각했고, 수업을 마친 후 학생들에게 "이미지 토의를 통해 여러분은 무엇을 배웠다고 생각하나요?"라고 물어 VTS의 목적을 생각하게 했다. 예상치 못한 질문에 쩔쩔매는 학생도 있었지만, 대부분은 집단 지성을 모아 통찰력 있는 이야기를 들려주었다.

VTS에 관해 알아두면 좋은 것

VTS 교육과정은 어린이집에서부터 초등학교 5학년까지 10차시의 수업으로 구성되어 있으며, 곧 6학년까지 확대될 예정이다. 수업은 한 시간 정도 진행되는데, 이는 VTS를 진행하기에 가장 적절한 시간이다. 더불어 학생들이 가장 잘 집중할 수 있는 시간이기도 하다.

질문과 교사의 반응으로 구성된 수업을 반복하며 학생들은 VTS의 전략을 완전히 이해하게 된다. 수업에서는 서로 관련이 있으면서도 약간의 차이를 보이는 두세 개의 이미지를 다루는데, 시간이 흐르며 이미지는 점점 더 복잡해진다. 학생들은 한 달에 한 번, 한 시간씩 진행되는 수업에 점차 익숙해진다. 하우젠은 이를 **인큐베이션**이라고 부른다.

하우젠의 지속적인 연구를 통해 적절한 질문이나 미술작품이 무엇인지, 수업 횟수와 간격은 어떻게 구성해야 하는지에 대해 알아낼 수 있었다. VTS는 종종 영어가 모국어가 아닌 학생에게 영어를 가르치는 수업(이하 ELL●)부터 예술 교육까지 특수한 분야를 담당하는 전문가가 활용하기도 하지만, 일반 교사가 가르칠 때 가장 좋다. VTS 경험이 다른 과목까지 확장될 수 있기 때문이다. 이는 3장에서 자세히 다루도록 하겠다.

VTS의 초등학교 교육과정은 연계되어 있다. 3학년 이상의 학생들은 학기말에 뮤지엄에 방문해 낯선 환경에서 새로운 작품을 접할 때에도 익숙하게 의미를 발견할 수 있어야 한다.

학생들은 초등학교를 다니며 여러 경험을 쌓고 끊임없이 성장한다. 따라서 VTS의 기본적인 요소는 매해 반복할지언정 보다 상세한 질문과 복합적인 미술작품을 마련하고, 소규모 토의와 같은 새로운 과제를 소개해야 한다. 하우젠의 연구에 따르면 학생들은 발전하기 위해 다른 자극을 필요로 하기 때문이다.

우리는 6학년 학생들을 위해 스스로 작가를 선택하여 그의 작품을 조사하게 하는 교육과정을 개발했다. 학생들은 스스로 혹은 여럿이서 의미를 발견하는 것 이상으로 나아갈 준비가 된 상태였다. 수업에서 그들은 더 잘 알고 싶은 예술가별로 둘러앉았다. 이미지 기반 학습은 많은 선택지를 제공한다. 학생들은 집단 브레인스토밍을 통해 질문을 생각했고 무엇을 조사해야 하는지 알아냈으며 답을 찾아나갔다. 이러한 활동은 대개 교실 안과 밖에서 천천히 진행되었으며, 학생들은 인터넷에 검색해 정보

● ELL(English language learning): 영어권 나라에서 영어가 모국어가 아닌 학생들에게 영어를 가르치는 것

를 찾았고 발견한 것을 다른 친구들과 공유하기 위해 프리젠테이션을 준비했다.[3]

중, 고등학교에서 VTS는 교육과정이 아닌 토의 방법으로 소개되었다. 여기서도 VTS를 적용하는 방법은 본질적으로 같으며, 그 효과는 토의 횟수에 비례한다. 그러나 이는 별도로 다루어야 할 만큼 복잡하기 때문에, 이 책에서는 초등학교에서 활용된 VTS를 중점적으로 다루도록 하겠다.[4]

VTS에서 교사의 역할

앞서 살펴봤듯, 교사는 직접적으로 지시하지 않고도 학생들이 한 가족을 찍은 사진을 보고 토의하도록 했다. 교사는 학생에게 어떠한 정보도 주지 않고 학생의 말을 "바로잡는 것"도 지양했다. 대신에 교사는 학생들이 관찰한 것을 가리키고, 그들의 의견을 다른 말로 표현했으며, 그들이 의견을 뒷받침하기 위해 제시한 증거를 인용했다. 교사는 학생들이 무엇이든 관찰하게 하고 스스로 타당하다고 생각하는 의견을 내세우도록 했다. 하지만 이런 식으로라면 학생들에게 정보를 제공하거나 실수를 바로잡을 수 없으며, "가르치는 순간"을 놓치는 것이 아닐까 우려될 수 있다.

교사는 왜 그렇게 하지 않았을까? 교사는 왜 개입하지 말아야 할까? 사진의 사전적 의미를 소개하거나 사진이 촬영된 시기인 대공황과 관련된 역사적 정보를 알려주면 왜 안 되는 걸까?

이에 대해 세 가지 측면에서 답할 수 있다. 첫 번째로, VTS는 그 자체가 목표라기보다 목표를 이루기 위한 과정의 출발점이다. 우리가 아이가 있는 가족사진을 선택한 것은 강렬한 정서를 불러일으키는 이미지라고 생각했기 때문이다. 가족 관계에 관심이 많은 학생들의 흥미를 끌 수 있으리라 판단했다. 이러한 맥락에서 이 사진은 이차적인 역사적 기록물이다. 교사는 사진 속 등장인물에 대한 학생들의 관심을 특정한 시대의 생활상에 대한 정보로 유도할 수 있다. 학생들은 추상적인 역사를 보다 생생하게 느끼고 이야기에 구체적으로 살을 붙여가며 이해하게 된다.

두 번째로, 기존의 교육이 교사 중심의 수업 방식을 요구했다면 VTS는 학생들에게 주체적으로 탐구할 기회를 준다. 무언가 놓치고 있는 게 아닌지 고민하기보다 의미를 발견하고 나누고자 하는 학생들의 열정에 집중해야 할 것이다. 주체적인 사고와 협력, 경청과 같은 자질은 우리가 가르칠 수 없다. 그리고 VTS는 이를 가르치는 검증된 방법이다.

세 번째로, 우리는 모마에서 이미 기억에 남지 않는 교육을 경험했다. 우리는 관람객에게 일상적으로 정보를 제공했지만, 관람객은 아무것도 기억하지 못했다.

관람객이 뮤지엄이 제공하는 정보에 반응하지 않은 것은 하우젠이 지적한 대로 그 정보가 관계자인 우리에게만 중요할 뿐 관람객이 궁금해하는 것이 아니었기 때문이다. 이와 비슷하게, 학생들은 이미지 자체에서 의미를 발견하고 싶어하지 매체나 역사에는 관심이 없다. 왜 학생들이 놓치는 것을 알려주는 데 급급하는가? 흥미롭게 이야기하는 즐거움을 꺾을 필요가 있는가? 왜 생각을 제한하는가? 물론, 앞에서 본 사진(그림 2.2) 속의 사람들은 실제로 가난하다. 그러나 적어도 학생들이 토의를 할 때에는 표면적인 상황만 보고 판단을 내리지 않도록 해야 한다.

VTS에서는 교사가 가르치고자 하는 욕구를 자제하는 것이 가장 중요하다. VTS는 생각하는 법을 가르치는 것을 목표로 하기 때문이다. 교사는 다양한 해석의 여지가 있는 미술작품을 활용하여 정답을 찾는 대신 학생들이 생각을 나누는 것을 우선시했다. 교사는 적극적인 역할을 하지는 않았지만 학생에게 계속해서 질문하며 토의에 나름의 규칙을 부여했고 학생들이 증거를 제시하고 의견을 낼 수 있도록 도왔다. 교사는 학생들의 의견을 존중하고 협력을 돕는 방식으로 수업을 진행했다. 그리고 한편으로는 학생들이 교사에 의지하지 않고 스스로 생각할 수 있도록 했다.

학생의 발전을 위해서는 훈련 기회를 제공하는 것 못지않게 적절한 훈련 전략을 세우는 것이 중요하다. 중립적인 조력자에 머무름으로써 교사는 학생에게 학습하는 방법을 가르칠 수 있었다.

학생들이 서로 의견을 교환하는 것은 전문적인 연구팀이 해결책을 찾기 위해 논의하는 것과 크게 다르지 않다. 과학자들은 특정한 주제에 관해 대화를 나누며 서로의 생각을 살피고, 뚜렷한 증거가 있는 의견을 내놓으며 여러 선택지를 고려한다. 그들은 동료와 함께 의견을 나누며 혼자 할 수 있는 것보다 더욱 많은 것을 성취한다. 과학자들은 이러한 상호 작용을 기반으로 하여 지식을 선별하고 연구 주제를 결정한다. 학생들도 이와 비슷한 과정을 거쳐 경험을 쌓으며 옳고 그름에 대한 부담에서 벗어나 수업에 적극적으로 참여할 수 있게 된다.

VTS를 경험한 교사들의 생생한 이야기

다음은 보스턴 토빈 스쿨의 1학년 교사 마이클 고든이 VTS의 효과에 관해 보내준 메일이다. (토빈 스쿨 학생들 중 3/4이 히스패닉이고, 대부분은 여전히 영어를 배우고 있으며, 학생들의 약 86퍼센트가 무상 또는 부분 부담 급식 지원 대상자다.)

VTS를 처음 시작했을 때, 1학년 학생들은 미술작품을 보라는 말에 열정적으로 반응했습니다. 학생들은 평소에도 삽화가 있는 책을 읽지만 미술작품이나 삽화보다는 텍스트나 서사와 훨씬 더 많은 상호 작용을 하게 됩니다. 그러나 VTS는 학생들이 오로지 이미지에 집중할 기회를 제공합니다. 학생들은 이미지를 다양한 방식으로 해석해 여러 이야기를 만들어낼 수 있습니다. "이 작품에서 무슨 일이 일어나고 있나요?"라고 물어보자, 학생들은 열심히 자신의 이야기를 했습니다. 토의에 좀처럼 참여하지 않았던 학생들도 VTS 활동을 하는 동안에는 활기차게 손을 들고 발표를 했습니다. 읽기 혹은 수학이 어려워 학교 수업을 피했던 학생들이 미술작품에 대한 의견을 말하기 시작했습니다. 학생들은 텍스트가 없고 정답이 정해지지 않았다는 데서 안정감을 느꼈던 것 같습니다.

이는 VTS 방식으로 수업을 진행한 교사들의 전형적인 반응이다. 토빈의 스쿨의 3학년 교사인 트레이시 머디러스는 다음과 같이 말했다.

VTS는 공정한 경기입니다. 본 것을 관찰하고 설명하고 설득하는 데 정답은 없습니다. 모든 학생들은 편안함을 느끼고 자신감을 가지게 되며 수업에 자유롭게 참여합니다. 편안한 분위기에서 자신의 감상과 생각을 마음껏 표현하고 스스로 가치 있으며 지지받는다고 느낍니다.

2학년 교사인 헤더 서덜랜드는 워싱턴주 스포캔의 노스웨스트 미술문화 뮤지엄Northwest Museum of Arts and Culture에서 일하는 지인으로부터 VTS에 대해 들었다. 그는 미술작품에 강한 흥미를 느꼈다. 아이들이 진지하고 깊이 있게 대화를 나누는 영상을 보고 헤더는 VTS가 단지 아이들에게만 좋은 방식은 아닌 것 같다고 했다. "교사 또한 즐거울뿐더러

VTS를 통해 학교 안에서 공동체를 형성할 수 있을 것 같았습니다." 이는 그가 재직하고 있는 가필드 초등학교의 교장인 클린턴 프라이스의 목표기도 했다. 헤더는 이제 수년간 VTS를 사용한 베테랑이다. 그는 자신의 경험을 아래와 같이 보고했다.

> VTS는 학생들이 보다 깊게 사고할 수 있도록 도우며 모든 영역에 걸쳐 사용할 수 있습니다. VTS를 사용하는 모든 과정이 중요한 의미를 지닙니다. 글쓰기와 읽기 실력이 발달한다는 것이 입증되었고, 학생들은 대화하고 경청하며 성숙한 시민으로 거듭날 수 있었습니다. 학생들은 자기 자신과 학업 성취도, 그리고 서로에게 보다 관대해집니다. 우리 안에서 진정한 공동체가 만들어집니다.

교사들은 VTS가 다른 과목의 수업에도 보다 몰입하게 한다는 사실을 발견했다. 이는 다음 장에서 보다 상세히 논의할 것이다. 얼핏 VTS는 대부분의 교육과정에 적용되는 직접교수법과 반대되는 개념인 듯하다. 그러나 가르치는 방식의 차이를 인정하는 교사들은 직접교수법과 VTS를 상호보완적으로 사용한다. 직접교수법으로 가르칠 때에도 VTS 토의를 할 때처럼 편안한 분위기를 조성해 학생들이 복잡한 문제를 해결할 수 있다고 느끼게 해야 한다. VTS 토의에서는 모든 학생이 성공할 수 있으며, 이러한 성공의 경험은 다른 영역으로 전파된다. 사고력과 언어 능력이 향상되고 이는 다른 수업에서도 학생들이 새로운 도전을 하도록 독려한다.

4년간 VTS 토의를 해온 트레이시 매클루어의 6학년 학생들은 VTS 전략을 활용해 시를 자신만의 방식으로 해석했다. 학생들은 "어떻게 해야 가장 잘 배울 수 있나요?"라는 질문에 보통 다음과 같이 대답한다.

저는 그룹으로 활동할 때 가장 많이 배울 수 있어요. 함께 이야기를 나누면 대상에 관해 하나 이상의 해석을 얻을 수 있기 때문이에요. 친구들의 다양한 해석을 들으며 새로운 관점과 해결책을 떠올릴 수 있어요. 혼자서, 혹은 둘이서만 하는 활동에서는 여러 생각을 들을 수 없기 때문에 그룹 활동을 할 때처럼 많이 배울 수 없어요.

저는 무언가를 배울 때 처음에는 다른 친구들의 의견을 듣고 그 후에 덧붙이는 것이 좋아요. 배우기 위해서는 대화가 필요해요. 배우는 것에 대해 충분히 말하면 쉽게 이해할 수 있는데, 배우는 것을 머릿속에 그릴 수 있기 때문이에요.

요약

VTS, 글로벌 사회의 새로운 대안

어떻게 해야 관람객에게 효과적으로 작품에 관한 정보를 전달할 수 있을지 고민하며 우리는 인지적 행동을 촉진하는 방법을 발견했다. 이는 학교 교육과도 직결되는 것이었다. VTS 질문은 낯선 것을 이해하도록 돕기 때문에 학생들은 보다 빠르게 습득할 수 있었다. 그들은 관찰한 것에 대해 이야기하며 복잡한 주제에 관한 자신의 관점을 밝혔다. VTS 토의는 학생들에게 자신의 의견을 표현할 수 있는 포괄적인 기회를 제공한다. 이는 특히 학생들의 언어 발달에 필수적인 과정이다. 친구들로부터 영향을 많이 받는다는 어린 학생들의 특성을 반영한 것이기도 하다.

무엇보다 학생들은 VTS를 통해 자신감을 가지고 이성적으로 사고하는 능력을 기를 수 있다. 학생들은 서로 도움을 주고받으며 주제를 이해하고 지금보다 더 나은 단계로 나아간다. 시간이 흐르며 학생들은 스스로 부족한 점을 점검할 수 있게 된다. 그들은 기존의 정보나 의견을 면밀히 살펴 필요한 경우에는 이를 제외하거나 수정한다. 뿐만 아니라 여러 주제와 현상을 궁금해하며 더 많이 알기를 원한다. 이는 진정한 삶의 경험이며, 전문가의 면밀한 사고로 나아가는 첫걸음이다.

이와 같이 VTS는 어린 학생들에게 호기심을 지니게 하며, 글로벌 사회의 다양한 이슈를 다루는 데 필요한 역량을 키워준다.

3장

여러 과목에 VTS를 활용하기

VTS의 효과는 초등학교 5학년 영어 수업에서도 목격되었다. 뉴욕에서 근무하는 한 교사는 학생들이 새로 배울 책의 표지 이미지를 VTS 방식으로 이야기하고 싶어 했다고 전했다. 교사가 "자, 여기서 무슨 일이 일어나고 있나요?"라고 물으며 VTS 토의를 시작하자 학생들은 책의 삽화와 표지에 관해 이야기를 나눴다. 토의가 끝난 후, 학생들은 평소보다 더 호기심을 가지고 새로운 기분으로 책을 읽었다고 느꼈다. 그들은 자신이 이야기를 잘 떠올렸는지 확인하고 싶어 했다.

이미지에 관해 토의한 후 학생들은 사람과 사건, 장소를 더 구체적으로 설명하고 책을 보다 쉽게 이해할 수 있었다. 이제 교실에서는 모든 종류의 이미지를 "VTS 방식으로" 이야기하게 되었다. 이러한 사례는 주기적으로 보고되는데, 이는 독서 교육 전문가들이 말하는 이해와 같은 맥락이다. 이해는 읽은 내용을 머릿속에 그려서 시각화할 수 있는 능력에 의해 촉진되기 때문이다.

다음의 일화는 VTS를 통해 어떠한 사고 기술이 발달하는지를 잘 보여준다. VTS 코디네이터인 캐서린 에젠버거는 2학년 교사의 도움을 받아 미네소타주 바이런에서 초기 연구를 진행했다. 교사는 미니애폴리스 미술관Minneapolis Institute of Art 관람을 마무리하고 학교로 돌아오는 버스를 타기 전 학생들에게 작품을 선택하여 글을 쓰도록 했다. 그 나이대의 학생들은 보통 글쓰기를 꺼리기에 처음에 교사는 학생들이 집중해서 글을 쓸 것이라 기대하지 않았다. 하지만 놀랍게도 학생들은 시간 가는 줄 모르고 글쓰기에 푹 빠져 나중에는 버스에 억지로 태워야만 할 정도였다. 교사는 곧 VTS에 흥미를 느끼게 되었다. 이와 같이 미술작품이 주체적인 글쓰기를 유도하는 사례는 지속적으로 보고되고 있다. 따라서 현재 대부분의 수업에서 VTS 토의가 끝난 후 감상한 작품에 관해 글을 쓰는 시간을 가진다.

교사들은 어떻게 해야 VTS를 다양한 교과에 적용할 수 있는지에 대해서도 알려 주었다. 이것이 바로 이번 장에서 다루고자 하는 내용이다. VTS는 학생들이 적극적으로 수업에 참여하도록 유도하기에 많은 교사가 다양한 과목에서 VTS를 적극적으로 활용하고자 한다. 앞서 언급했듯, 학생들이 텍스트 속의 이미지에 대해 "VTS 방식으로" 토의하기를 원했기 때문에 교사도 이를 따랐다. VTS에서 사용하는 질문은 여러 수업과 탐구 활동에 활용하기 좋은 "적절한 질문"이다. 교사들은 점차 VTS를 미술이 아닌 다른 교과에도 적용하게 되었다. 일반적인 경우 일부의 학생들만 수업을 듣지만, VTS를 활용하면 모든 학생이 수업에 참여한다는 사실을 발견했기 때문이다. 교사들은 VTS의 효과를 목격한 후 VTS를 다른 교과 학습을 보조하기 위한 장치로 활용하겠다고 결심했다.

다만 미술작품으로 VTS를 시작해야 한다는 점에 유의할 필요가 있다. 만약 미술작품을 충분히 경험하지 않고 바로 책의 표지 이미지로 들어간다면 학생들은 이미지에서 큰 의미를 발견하지 못할 것이고 대화 또한 단편적일 것이다. 다층적으로 관찰하고 의미를 도출하는 능력은 학생이 미술작품을 얼마나 풍부하게 접하느냐에 달려 있다. 미술작품을 충분하게 감상하지 못하면 토의는 피상적인 단계에 머무를 수밖에 없다. 이것은 VTS 자체의 문제라기보다 학생들의 경험이 부족하기 때문이다. VUE는 VTS 적용 사례의 효과를 확인하기 위한 공식적인 연구를 수행하지는 않았으나, 이번 장에서는 다양한 환경에서 VTS를 적용하며 실제로 목격한 사례들을 소개하고자 한다.

VTS로 표준화 시험에 대비하기

VTS는 평가가 중요한 시대에 특히 유용하다. 교육 관료들이 점수에 집착하며 교사에게는 평가의 부담이 더해졌다. 바로 이 때문에 교사들은 VTS에 주목하게 되었다. VTS가 시험 준비에 도움이 된다고 생각했기 때문이다. 학생들은 이미지 토의를 하며 근거를 생각하는 습관을 기를 수 있는데, 이는 시험을 볼 때에도 질문의 근거를 찾을 수 있도록 돕는다. 이와 관련된 두 가지 연구를 참고하길 바란다.[1]

무엇보다 VTS를 통해 학생들의 관심을 유도할 수 있다. 질문하기와 바꾸어 말하기, 연결하기와 같은 VTS의 여러 전략은 학생들이 재미없거나 어려워 보이는 문제에 몰두해 함께 해결책을 찾고 정보와 의견을 공유하도록 돕는다. 학생들은 이미지에 관해 토의하며 낯선 개념을 이해하고 이로써 다른 과목의 수업에도 자신감을 가지고 열정적으로 참여하게 된다. 현재의 교육과정은 단순히 정답을 도출하는 것이 아닌 문제를 해결하는 과정에 초점을 맞추고 있다. 확실히 이해할 때까지 이야기하는 습관을 지니는 것이 중요해진 이유다. 대부분의 문제는 하나 이상의 접근 방식과 해결책을 지닌다. 그리고 VTS가 길러준 다층적인 사고는 여러 가능성을 심층적으로 생각하도록 돕는다. 이는 공통핵심기준의 시대에 더욱 중요한 역량이 되고 있다.

VTS로 모두가 참여하는 수업 만들기

일레인 추를 처음 만났을 때, 그는 뉴욕 열린사회협회Open Society Institute, OSI에 재직 중이었다. 일레인은 VTS에 관심이 많았고, 덕분에 열린사회협회는 소비에트 연방의 일곱 개 국가에 VTS 초기 버전을 소개하고 후원했다. 여러 해 동안 열정적으로 일하던 그는 결국 열린사회협회를 떠나 VUE의 일원으로 우리와 함께 일하게 되었다. 그는 뉴욕시의 공립학교인 이스트 빌리지 커뮤니티 스쿨의 교사로 6년간 근무한 후 뱅크 스트리트 사범대학의 석사 과정을 이수했다. 현재는 뉴욕시 어원에 있는 리틀 레드 스쿨 사립학교에서 학생들을 가르치고 있다. 그는 VTS를 다음과 같이 활용한다고 밝혔다.

저는 거의 모든 문제에 VTS 전략을 사용해 학생들이 관찰하고 각각의 의견을 연결하며, 생각을 분명히 하고 증거를 밝힐 수 있도록 합니다. 학생들은 VTS를 통해 다양한 방식으로 수학 문제를 풀며 각자의 문제 해결 방식을 공유합니다. 아마 지금은 대부분의 교사가 이렇게 하고 있을 것입니다. 저는 학생들의 생각을 들을 때도 특정한 방식으로 지도하려고 합니다. 학생들이 때로는 잘 해내지 못할지라도 자신만의 전략을 사용하여 스스로 문제를 해결하도록 돕는 것이 저의 역할이라고 생각하기 때문입니다. 시험 문제는 대부분 특정한 기술을 가르치기 위해 만들어진 것이나, 실생활의 문제는 이와 조금 다릅니다. VTS는 이러한 실생활의 문제에 다양한 방식으로 접근할 수 있으며 여러 해결책이 있다는 사실을 알려주었습니다.

기존의 방식으로 수업을 진행하는 것을 포기하자 학생 간의 갈등을 해결할 수 있었습니다. 교직을 시작한 첫해에 저희 반에는 집단 따돌림 문제가 있었습니다. 토의를 진행해 소위 "올바른" 답을 유도하며 학생들과 함께 "추론"하기도 하고, 그들을 위협하고, 부모님께 편지를 쓰게 하고, 공격성을 억제하기 위해 잠시 떨어뜨려 두는 등 온갖 방법을 시도했지만 문제를 해결할 수 없었습니다. 저는 결국 해결책을 제시하는 것이 아니라 학생들이 토의를 통해 직접 문제를 발견하도록 했습니다. 그러자 가해 학생들이 자신의 잘못을 하나씩 인정하고 스스로 해결책을 생각하기 시작했습니다. 학생들에게 문제를 되돌려주어 책임감을 느끼도록 하자 그들은 스스로 해결책을 찾기 위해 노력하며 변화하는 것에 자부심을 느끼게 되었습니다.

공통핵심기준이 도입되기 전부터 이미 많은 교사가 VTS가 다른 교육 방법보다 효과적이라는 사실을 인식했다. 오리건주 포틀랜드의 로럴허스트 학교에서 2학년 학생들을 가르치는 제프 루드는 VTS를 시행한 지 4년째를 맞이하며 자신이 이 학교에서 계속 근무하고 싶은 이유로 VTS를 꼽았다. 그는 VTS의 효과를 다음과 같이 설명했다.

저는 모든 수업에서 VTS 전략을 활용했습니다. 저는 상황을 밝히고자 하는 것은 실제로 일어난 일을 파악하는 데에 크게 도움이 되지 않으며, 다만 어떤 일이 일어나고 있는지 관찰하는 것이 교사와 학생 모두에게 더 좋다는 사실을 이해하게 되었습니다. VTS는 수업에 적극적으로 참여하고 주체적으로 관찰하며, 복합적으로 사고하고 소통하기 위한 경험적 틀을 제공합니다.

킴야 잭슨은 예상치 못했던 방식으로 VTS를 활용할 수 있음을 깨닫게 해주었다. 그는 이십 년의 교육 경력 중 지난 구 년을 뉴저지주의 웨스트 오렌지에 있는 레드우드 초등학교에서 근무했다. 학교는 동쪽으로 5마일

쯤 떨어진 뉴어크의 경관과 13마일쯤 떨어진 뉴욕시의 스카이라인이 내려다보이는 높은 지대에 있다. 제2차 세계대전 이후 도시 개발이 이루어지긴 했지만, 다양한 건축 양식으로 지어진 매력적인 주택이 곳곳에 있는 작은 마을이다. 나무가 줄지어 있는 거리를 따라 주택가가 형성되었으며, 넓은 골프장과 공원이 마을을 둘러싼다. 웨스트오렌지는 문화적으로 다양한 지역으로, 레드우드 초등학교의 학생들은 대략 1/3은 백인, 1/3은 흑인, 그리고 1/5 정도는 히스패닉으로 다양하게 분포되어 있다. 학생들 가운데 22퍼센트가 무상 또는 부분 부담 급식 지원을 받는다. 언어 영역의 성취도 평가에서는 3학년 학생 중 80퍼센트 이상이 "우수"하다는 평가를 받았다.

킴야 잭슨은 2학년 학생을 가르치는 데 흥미를 느꼈다. 그는 이에 대해 다음과 같이 밝혔다. "이 시기의 학생들은 배움에 대한 열정이 있고, 운동화 끈을 묶을 수 있으며, 코도 스스로 풀 줄 알기 때문입니다." 그는 스마트폰을 사용해 단어를 번역해가며 에콰도르에서 갓 이민 온 학생을 지도하기도 한다. 그는 모든 과목을 VTS를 이용해 가르친다. "저는 보통 VTS를 예상하기 위한 장치로 사용합니다. 학생들은 VTS를 통해 보다 깊이 있게 실제 주제와의 연관성을 생각하기 시작했습니다."

킴야는 특히 VTS를 활용하여 영어 단어를 가르치는 것으로 유명하다. 처음에는 칠판에 두 줄로 단어를 쓰고 학생들에게 나열된 단어에서 무엇을 볼 수 있냐고 물어본 후 일반 명사와 고유 명사를 구분하도록 했다. 하지만 곧 더 좋은 생각이 떠올랐다. 그는 많은 단어를 무작위로 한꺼번에 칠판에 적었다.

그다음 학생들에게 "여기서 무엇이 보이나요?"라고 물어보아 단순히 단어를 관찰하도록 했다. 그러면 학생들은 '단어'나 '사물', '사람의 이름'과 같이 초보적인 수준의 답변을 내놓는다. 조금 수준을 높여 "여기에서 무엇을 더 발견할 수 있나요?"라고 질문하면 학생들은 보다 깊이 고민하여 '장소의 이름'이나 '월月', '우리가 읽은 책 이름' 등 보다 구체적으로 대답한다. "여기에서 무슨 일이 일어나고 있는 것 같나요?"라는 질문에 이르면 학생들은 "어떤 단어는 대문자로 시작해요"와 같이 답하며 차이점을 발견하기 시작한다.

이는 주제와의 연관성을 찾아주는 VTS의 기능을 보여준다. 토의는 학생들이 단어를 두 가지 유형으로 분류하고 이후 교사가 각각의 유형을 일반명사와 고유명사로 명명하는 과정으로 이어진다. "생각하고, 짝을 짓고, 나누는" 후속활동을 통해 학생들은 힘을 모아 각각의 단어가 어떤 유형에 속하는지 하나씩 찾아낸다. 이 과정에서 개별 단어의 차이와 사용법을 자연스럽게 습득하게 된다.

지난 3년 동안 미술 수업에 VTS를 활용해 온 마리온 바전트 역시 VTS에 확신을 가지고 있다. "VTS는 죽은 벌을 관찰하는 것에서부터 이야기 속 등장인물에 대해 생각해보는 것까지 주의력을 요구하는 모든 활동에 활용될 수 있습니다." VTS는 모든 학생에게 도움이 되었는데, 특히 ELL 학생과 심각한 학습 장애가 있는 학생에게 준 영향은 고무적이라 할 수 있다.

마리온은 퇴직을 칠 년 앞둔 시기에 스포캔의 가필드 초등학교에서 2학년 학생을 가르쳤다. 워싱턴주의 동쪽에 위치한 스포캔에는 약 21만 명이 살고 있으며, 과거에는 광업과 임업, 농업 종사자가 대부분이었지만 현재는 상업과 금융, 오락의 중심지다. 70퍼센트의 학생들이 백인으로 무상 또는 부분 부담 급식 지원을 받으며, 그중 22퍼센트가 특수 교육 대상자고 7퍼센트는 부모의 언어를 먼저 배운 후 영어를 배우는 "과도기적 이중 언어자transitional bilingual"로 추정된다. 학교의 평가는 꾸준히 향상되었으며, 2012년에는 학력 격차를 줄인 성과를 인정받아 워싱턴주로부터

상을 받기도 했다. 마리온은 VTS가 이러한 결과에 공헌했다고 자신한다.

가필드 초등학교에 VTS를 소개한 이는 노스웨스트 미술 문화 뮤지엄의 열정적이며 능력 있는 교육자 하이디 아보개스트다. 하이디는 지속적으로 연수에 참여해 VTS를 능숙하게 활용하게 된 트레이너 중 하나다. 그는 스포캔의 여러 학교에 VTS를 소개하며 교사와 학생이 미술작품을 감상할 수 있도록 도왔고 특히 학생들의 문해력과 사고력 향상에 기여했다. 가필드 초등학교는 하이디의 제안에 응한 첫 번째 학교로 2008년부터 VTS를 시행했다. 앞으로 소개할 예시 중 상당 부분이 이 학교에서 나온 것이다.

2학년 학생들은 글쓰기나 수학을 포함해 많은 과목을 학습하는 데 어려움을 느낀다. 마리온은 이 중에서도 VTS가 듣기 영역에 미치는 영향을 강조했다. 듣기는 매우 중요한 역량으로, 영어를 막 배우기 시작하는 시기에는 더욱 그렇다.

그의 학생들은 대부분 소위 "위험"에 처한 아이들로, 아버지가 감옥에 있거나 최근 1년 동안 도움을 받지 못한 상태다. 마리온의 학생들은 전 과목의 성취도가 높은 아이부터 매우 낮은 아이들까지 다양하게 분포되어 있다. 하지만 VTS를 할 때는 말 그대로 모든 학생들이 집중했다. 물론 모두가 대화에 동일하게 참여하는 것은 아니다. 영어 실력이 부족해서, 또 VTS에 참여하는 것에 어려움을 느껴 가만히 있는 학생도 있다.

학습에는 능동적인 참여가 요구된다. 그리고 VTS 활동은 절반 이상이 말하기로 채워진다. 그렇다면 말을 하지 않는 학생은 적극적으로 말하는 학생에 비해 많이 배울 수 없는 것일까? 마리온은 그렇지만은 않다고 답한다. 토의에 참여할 때뿐만 아니라 토의가 끝난 후 글쓰기를 할 때에도 충분히 사고 과정이 이루어질 수 있다. 말할 때와 마찬가지로 글을 쓸 때에도 관찰하며 아이디어를 떠올리고 의견을 나눌 수 있는 것이다.

ELL 학생들의 다양한 글쓰기 사례는 4장에서 자세히 다루겠지만, 특히 앨런의 예시가 VTS를 다른 교과에 적용한 사례로 적절할 듯하다. 앨런은 심각한 학습 장애가 있지만 건강 문제로 약을 복용할 수는 없다. 마리온은 앨런에 대해 다음과 같이 말했다.

> 앨런은 2분 이상 집중하지 못하고 과제를 제대로 끝내지 못합니다. 아이는 집중력이 약해지면 서성이거나 틱 증상을 보입니다. 학기 중반이 될 때까지 앨런은 저를 이름으로 부르지 않고 "선생님"이라고 칭했습니다. 또한 친구들과 어울리는 것을 어려워해 그 누구와도 눈을 마주치지 않습니다. 앨런은 읽기와 수학에서 개별화 교육Individualized Education Program, IEP을 받고 여러 교사에게 다양한 도움을 받습니다. 저를 포함한 많은 교사가 앨런이 가능한 많은 어른의 도움을 받아 다양한 활동에 참여할 수 있도록 하기 위해 노력하고 있습니다. 앨런은 자폐증 증상이 있지만 자폐증 진단은 받지 않았으며, 아이의 형은 투렛 증후군*을 갖고 있습니다. 그의 가족은 무상 또는 부분 부담 급식 지원을 받고 있습니다.

VTS 토의 수업에서 앨런은 평소와는 다르게 앞줄에 앉아 미술작품을 주의 깊게 관찰했으며 대화에 집중했다. 토의가 끝난 후 마리온은 학생들에게 함께 이야기를 나눈 두 가지 그림 중 하나를 골라 이에 관해 글을 쓰도록 했다. 앨런은 글을 쓸 수 없었기 때문에 마리온은 앨런의 생각을 다른 사람이 받아 적게 했다. 누군가 적어주기만 한다면 앨런 또한 자신의 의견을 표현하고 싶어 할 것이라 생각했기 때문이다.

* 투렛 증후군(Tourette's syndrome)이란 신경 장애로 인해 자신도 모르게 자꾸 몸을 움직이거나 욕설과 같은 소리를 내는 증상을 말한다.

앨런은 20분이나 자신의 생각을 이야기했습니다. 앨런은 자세하고 신중하게, 그리고 완전한 문장으로 관찰한 것을 표현했습니다. 이는 정말 중요한 발견이었습니다. 앨런은 처음으로 학급의 일원이라는 소속감을 느낄 수 있었습니다.

마리온은 영양을 타고 있는 원주민을 그린 미술작품으로 VTS 토의를 진행했다. 원주민들은 지평선을 따라 붉게 번지는 불을 피해 달아나고 있는 듯하다. 연기가 극적으로 솟구치고 회색, 검은색, 그리고 붉은색 연기가 전체 풍경을 줄무늬 모양으로 가로지른다. 키가 작은 식물 틈새로 늑대가 보이는데, 이들은 탈출하려 하기보다 사슴을 잡으려는 듯 살금살금 걷고 있다. 앨런은 이 장면을 다음과 같이 묘사했다.

사슴은 깡충깡충 뛰고 있는데, 어두운 구름이 세계를 침범하고 있기 때문인 것 같다. 늑대들은 숨어서 사람, 말, 사슴 들을 잡아먹으려 한다. 늑대는 잡아먹는 동물이기 때문이다. 늑대가 뭐든지 잡아먹는다는 것을 모두가 알고 있다. 불타는 어둠은 늑대가 아이들에게 사냥법을 가르쳐 임무를 완수하도록 도와주고, 붉은 것은 늑대의 정신을 나타내는 것 같다. 색은 화난 듯한 붉은색이고, 내 생각에 늑대는 외계인이어서 위장하려는 것 같다. 그들은 숲에 숨어서 똑같은 색으로 변신하고 있다.

앨런이 "적은 것"은 다른 학생들이 보는 것과 다를 수 있고, 원주민이라는 정확한 어휘를 사용하지 못하고 "사람"이라 에둘러 표현한 것일 수 있다. 하지만 앨런의 해석은 나름 설득력이 있으며 일관된 내러티브를 갖고 있다. 뿐만 아니라 "어두운 구름이 세계를 침범한다", "불타는 어둠은 늑대가 임무를 완수하도록 돕는다", "화난 듯한 붉은색"과 같은 시적인 표현을 사용했다. 앨런은 VTS 활동을 통해 다른 학생들과 쉽게 소통하지는 못하지만 언어를 구사할 수 있음을 보여주었다. 앨런은 스스로 이미지를 보고 약간의 도움을 받아 토의에 참여해 다른 학생들과 의견을 나누며 이야기를 창조해냈다. 이는 놀라운 성취였다. 그는 의기양양하게 교실을 돌아다니면서 다른 학생들에게 자신의 글을 보여주었다.

수학과 적용 사례

VTS로 방정식 풀기

마리온은 다른 과목에서도 VTS 토의를 진행한다. 2학년 수학 문제는 대부분 덧셈, 뺄셈, 미지수를 학습하기 위한 스토리텔링 형식으로 되어 있다. 마리온은 스토리텔링 문제를 종이에 적어서 이젤에 붙이고 그 옆에 VTS 질문을 붙여놓았다. 문제는 다음과 같다.

> **미지수를 구하는 문제**
>
> 올던, 토니, 데이브가 쉬는 시간에 눈사람을 만들고 있었습니다. 셋이서 ____개의 눈사람을 만들었어요. 그런데 나중에 마지와 에런이 와서 눈사람을 더 만들었습니다. 이제 이들이 만든 눈사람은 모두 합해서 ____개 입니다. 그렇다면 마지와 에런은 몇 개의 눈사람을 만든 것일까요?

마리온은 이와 같은 스토리텔링 문제에 VTS를 적용해 "이 이야기에서 무슨 일이 일어나고 있나요?"라고 질문하여 여러 가능성을 열어두고, 학생들이 문제를 이해하고 무엇을 알아내야 하는지 파악할 수 있도록 시간을 주었다. 그리고 학생들이 알고 있는 것에 대해 이야기하는 것을 들으며 이를 질문지 밑의 포스터에 요약하여 적었다. 각각의 답변이 끝나면 "무엇을 보고 그렇게 말했나요?"라고 다시 한번 물었다.

"무엇을 보고 그렇게 말했나요?"라는 질문에 애덤이라는 학생은 "마지와 에런이 만든 눈사람이 몇 개인지"를 알아내야 한다고 하며, "마지막에 눈사람이 몇 개인지를 물었고 이것이 바로 우리가 찾아야하는 가장 중요한 것이기 때문이죠!"라고 대답했다. 더불어, "마지와 에런이 만든 눈사람은 전체 합계보다 적을 거예요"라고 덧붙였다.

학생들의 발견은 마리온을 기쁘게 했다.

> 저는 학생들에게 미지수가 총합보다 적거나 많을지 생각하도록 했습니다. 이전에는 대부분 교사인 제가 혼자 말했습니다. 숫자에 동그라미를 치고, 질문에 밑줄을 긋고, 덧셈인지 뺄셈인지 물어보곤 하는 식이었습니다. 하지만 이런 식의 수업에서는 몇 명만 알아들을 뿐, 대부분은 어디서부터 시작해야 하는지조차 몰랐습니다.

집단 토의 과정을 거치며 학생들은 질문에 자극받고 함께 의미를 만들어나갔다. 마침내 학생들은 마지와 에런이 눈사람을 다 만든 후 눈사람의 개수는 처음 세 명이 만든 것보다 많아졌으리라는 사실을 추론해냈다.

학생들이 문제를 확실히 이해했다는 것을 확인한 후, 마리온은 두 개의 빈칸에 숫자를 채우고 다른 하나는 빈칸으로 남겨 두었다. 그리고 나서 "자, 여러분은 이제 무엇을 할 수 있을까요?"라고 물었다.

학생들은 두 가지의 해결 방법을 제시했다. 첫 번째 방법은 "11 더하기 ____는 32라고 쓸 수 있어요"였고, 두 번째 방법은 "32 빼기 11은 ____라고 쓸 수 있어요"였다.

마리온은 두 개의 등식이 적힌 종이를 학생들에게 주고 서로 설명하도록 했다. 마리온은 학생들이 충분히 서로에게 설명할 수 있을 것이라 확신했고, 실제로 그들은 문제를 완전히 이해했음을 보여주었다.

토의가 끝나면, 학생들은 자신의 자리로 돌아가 수학 교구를 사용하거나 "머릿속으로 풀기mental math"의 방식으로 학습지에 있는 문제를 풀 수 있게 된다. 참고로 그림 3.1[2]의 스토리텔링형 문제는 ELL 학생들이 특히 어려워하는 문제다.

이 문제의 핵심은 단순히 빈칸에 숫자를 채워 넣는 것을 넘어 올바른 방식으로 답을 찾아내게 하는 것이다. 마리온의 궁극적인 목표는 구성주의적인 것으로, 학생들이 문제의 의도를 파악해 되도록 하나 이상의 방식으로 문제를 해결하는 방법을 찾을 수 있게 하는 데 있다.

수학의 각 단원이 끝날 때마다 시험을 치른다. 표 3.1은 학생들의 평가 결과를 정리한 것으로, 2단원은 문제를 설명하고 풀이 과정을 보여주는 기존의 방식으로 수업한 후에, 3, 6, 7단원은 앞서 설명한 토의의 방식으로 수업한 후에 평가를 실시했다.

마리온은 결과에 큰 의미를 부여하지는 않았지만, VTS의 효과에 자신감을 드러냈다. "뚜렷하지는 않지만 차이가 분명히 존재합니다. 이는 열린 방식으로 토의하는 수업의 효과를 보여줍니다. 전반적으로 점수가 상승했고, 레벨3, 4에 속하는 학생이 증가했습니다. 특히 학습에 어려움을 겪었던 학생들에게서 변화가 두드러졌습니다."

평가 결과를 조금 더 자세히 살펴보도록 하자. 그가 지도한 22명의 학생은 모두 소위 말하는 "위험군"에 속해 있었고, 수학 문제는 모두 스토리텔링형이었다. 학습에 어려움이 있어 특수 교육을 받던 앨런은 스스로 문

Name: Carly

A Snow friend Story Problem

Aiden, Anthony, and Dan were building snowmen at recess. They built 11 snowmen. Then Maggie and Arach came along and built some more snowmen. Then they had 32 snowmen in all. How many snowmen did Maggie and Arach build?

32-11=21 snowmen

Maggie and ARach built 21 snowmen.

그림 3.1

Name: [illegible]

A Snow friend Story Problem

Aiden, Anthony, and Dan were building snowmen at recess. They built 11 snowmen. Then Maggie and Arach came along and built some more snowmen. Then they had 32 snowmen in all. How many snowmen did Maggie and Arach build?

4/4

32-11=21

Maggie and ARach built 21 snowmen.

그림 3.1

Name: A Rach

A Snow friend Story Problem

32-11=21

4/4

Aiden, Anthony, and Dan were building snowmen at recess. They built 11 snowmen. Then Maggie and Arach came along and built some more snowmen. Then they had 32 snowmen in all. How many snowmen did Maggie and Arach build?

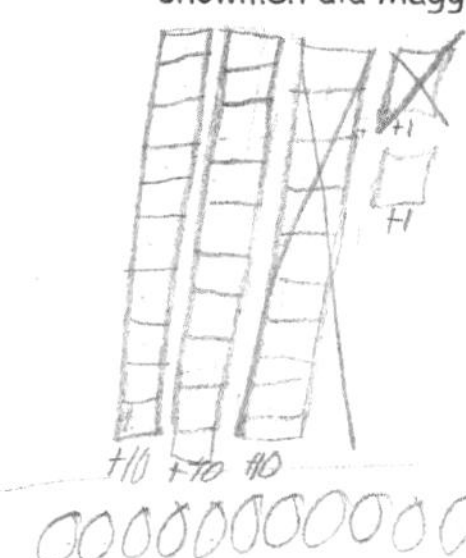

32-11=21

32-11=21

Maggie and ARach built 21 snowmen.

그림 3.1

	2단원[a]	3단원	6단원[b]	7단원
레벨1 평균 이하	1	0	0	0
레벨2 평균과 근접	3	3	4	1
레벨3 평균	13	6	9	17
레벨4 평균 이상	5	13	8	4

표 3.1 수학 단원 평가

a. 마리온이 수학의 스토리텔링형 문제의 해결에 토의를 적용하기 전

b. 단원 평가 당일 한 학생이 결석함

제를 풀어냈으며, 3단원에서 레벨3에 이른 후 이를 유지했다. 심각한 학습 장애가 있던 다른 학생도 6, 7단원 평가에서 완벽한 점수를 받았다. 더불어, 3단원 평가에서 ELL 학생 5명 중 2명은 레벨4, 또 다른 2명은 레벨3의 평가를 받았다. 모두 문장형 문제를 특히 어려워하던 학생들이었다. 이들은 다음 단계의 평가에서도 비슷한 수준을 유지했다. VTS의 효과가 기대했던 것보다 오래 지속된다고 확신하기는 이를 수도 있다. 하지만 적어도 수업이 올바른 방향으로 진행되고 있으며, VTS 토의가 이에 크게 기여했다고 말할 수는 있을 것이다.

마리온은 기본적으로 교실에서 현장 연구자로 활동하고 있다. 그는 자신의 수업을 녹화하며 뮤지엄에서 근무하는 하이디와 함께 이를 연구한다. 이들은 학생들을 관찰하기 위해 협력 수업을 진행하기도 한다. 마리온이 VTS에 여러 방향으로 접근해준 덕분에 연구진은 주제를 확장하고 공식적으로 연구를 수행해야 할 필요성을 느꼈다. 마리온은 다음과 같은 메일을 보내왔다.

VTS 수업과 노트, 녹화 테이프 등을 자세히 살펴보면서 학생들에 관해 새롭고 놀라운 사실을 알 수 있었습니다. 저는 2학년 이하의 학생에게 특히 가르치기 힘든 기술을 아이들이 이미 활용하고 있다는 사실을 발견했습니다. 수학을 포함해 여러 과목에서 토의를 진행하고 수업이 끝나면 이미지에 관해 글을 썼던 것이 그 원인이라고 생각합니다. 아이들은 메타 인지적으로 사고했습니다. 메타 인지란 사고방식에 대해 사고하는 행위를 의미합니다. 아이들은 자연스럽게 근거를 제시하게 되었습니다. 이는 2학년 학생들에게는 굉장한 일입니다. 마지막 수업 후, 특수학급 학생도 "이 그림을 보고 왜 이런 방식으로 생각했는지 저 스스로도 궁금해요"라고 말했습니다.

이는 이 학급에만 해당되는 특수한 일화로 보일 수 있지만, 마리온의 현장 연구는 공식적인 리서치의 한 형태다. 그가 관찰한 바와 같이 지난 15년 동안의 수업과 시험이 길러주지 못한 역량이 지금 나타나고 있으며, 이는 공통핵심기준에 부합한다.

사회과 적용 사례

VTS로 헌법 체계 파악하기

학생들이 중요한 개념을 이해하도록 하기 위해 많은 교사가 VTS의 질문과 촉진 전략을 무의식적으로 결합하여 사용했다. 마리온이 스토리텔링형 수학 문제에 VTS를 적용한 사례에서 엿볼 수 있듯 VTS를 활용한 수업 방식은 시간이 지날수록 학생들과의 상호 작용에 스며든다. 그는 2학년 필수 교육과정에서 의식적으로 VTS를 활용했다. 토빈 스쿨의 교사인 브라이언 피저 또한 VTS 토의를 활용하되 그만의 수업 방식을 고안했다. 그는 사회 과목에서 매사추세츠주의 성취기준에 부합하는 것을 반쯤은 포기했었다. 하지만 곧 자신만의 방식으로 이를 충족할 수 있게 되었다.

삶에서 늘 갈증을 느끼던 브라이언은 본업인 소매업을 관두고 포기했던 꿈을 이루고자 대학에 들어갔다. 아이들을 가르치는 일을 하게 되는 것은 그가 10년 넘게 마음속 한구석에 묻어두었던 꿈이었다.

브라이언은 보스턴의 노스이스턴대학의 대학원에 등록했다. 대학원에 다니며 그는 친구로부터 토빈 스쿨에서 대체 교사를 채용한다는 소식을 듣게 되었다. 토빈 스쿨은 록스버리와 보스턴 흑인 문화의 중심지로 불리는 곳의 부근이며 2장에서 언급했던 마이클 고든과 트레이시 머디러스가 근무하던 곳이기도 하다. 토빈 스쿨의 90퍼센트가 무상 또는 부분 부담 급식 지원을 받고 있으며, 대부분이 미국으로 이민 온 아이들로 70퍼센트 이상이 히스패닉이다. 학교는 평가 결과에 전전긍긍하고 있었다. 여러모로 브라이언이 헌신하고 싶어 했던 바로 그곳이었다.

브라이언은 잠시 보조 교사로 일한 뒤 정식 교사가 되었다. 다음은 5년 차에 접어들어 3학년 학생을 가르치게 된 그와 나눈 이야기다.

교직을 시작하며 크게 당황했습니다. 당시 저는 대학원에서 독해에 관한 이론 수업을 막 마친 상태였습니다. 필수 교육과정은 제가 학교에 다니며 배우거나 학생들을 가르치며 상상했던 것과는 달랐습니다. 저는 교사로서 어떻게 해야 할지 갈피를 잡지 못했고 수업을 어떻게 진행해야 할지도 잘 몰랐습니다. 하지만 한 가지만은 확실했습니다. 학생들이나 저에게 교재는 전혀 재미가 없었고, 저와 학생들 간의 상호 작용 또한 좋지 않았다는 것 말입니다. 저는 학생들과 대화를 나누고 싶었고, 실제로 학생들의 말을 들으며 그들에 대해 많이 배울 수 있었습니다.

이사벨라 스튜어트 가드너 뮤지엄Isabella Stewart Gardener Museum의 교육 부서는 스포캔의 뮤지엄처럼 VTS를 활용하여 학교를 지원하는 프로그램을 운영했다. 브라이언이 부임한 첫해 미술관과 토빈 스쿨의 장기 파트너십이 체결되어 모든 교직원에게 VTS의 강사 프로그램이 제공되었다. 브라이언은 "VTS에 대해 듣자마자 관심을 가지게 되었습니다"라고 했다.

교육을 받기 전 우선 인터넷으로 검색해 보았습니다. VTS는 저와 잘 맞았고, 평소에 제가 학생들과 토의하는 방식과도 비슷했습니다. 곧 VTS와 언어를 연계할 가능성을 발견할 수 있었고, 이는 특히 ELL 학생들을 가르치는 데 크게 도움이 되었습니다. 질문을 통해 많은 학생들의 참여를 유도할 수 있기에 특히 언어와 사회 과목에서 즉각적인 효과가 나타났다고 생각합니다.

그는 이듬해를 다음과 같이 요약했다.

삼, 사 년 차에 접어들며 저만의 자료를 찾아가는 데 익숙해졌고, 또한 정해진 방식을 따르지 않아도 기준을 충족시킬 수 있다는 사실에 마음이 편안해졌습니다. 이것이 바로 VTS가 유용한 이유입니다.

2012년 봄에 그의 수업을 참관하며 이 말의 의미를 확인할 수 있었다. 수업은 미국의 역사에 관한 것으로, 지난주 수업의 후속 차시로 진행되었다. 매사추세츠주의 2학년 사회 교과의 학습 목표는 다음과 같다.

역사와 사회 교육과정은 학생들이 미국의 역사와 정치적 원칙, 정부 조직을 공통적으로 이해할 수 있도록 하고, 학교와 시민 사회에 책임감 있게 참여할 수 있도록 한다.

일곱, 여덟 살의 아이들은 보통 시간에 관한 감각이 거의 없지만, 교육 체제는 "세계와 미국의 역사, 지리, 경제, 정부에 관해 이해하는" 학습 목표를 낙관적으로 제시하고 있다. 사실 이 나이대의 아이들은 대부분 시간을 "지금"과 "옛날"로만 인식한다. 나는 일곱 살 아이가 1635년에 그려진 그림을 보면서 "이것은 아주 옛날에, 그러니까 20년 전에 그려졌어"라고 말하는 것을 들은 적이 있다.

브라이언이 가르치는 3학년 학생들이 충족해야 하는 성취기준은 "지역의 유적지, 역사적 단체, 박물관에서 정보를 얻어 선교사가 정착한 이후 매사추세츠주의 역사를 이해한다"이며, "매사추세츠주 역사에서 중요한 인물과 사건"을 배우는 것이다.

보스턴에서 계속 살아온 여덟 살 학생이 역사라는 긴 시간 개념을 배우는 것은 어려운 일이다. 최근 다른 나라에서 이민 와 아직 영어를 배우는 단계에 있는 아이들이 이 성취기준에 도달하기란 더욱 어렵다. 그리고 브라이언이 가르치는 학생들은 대부분 이러한 단계에 있다. 나는 브라이언이 VTS를 어떻게 도입하여 학생들을 도울지 궁금했다.

이전 수업에서 브라이언은 미국 수정헌법에 수록된 열 가지 권리장전을 슬라이드로 소개했다. 그는 수정헌법의 각 조항을 하나씩 소개하며 학생들에게 "무슨 일이 일어나고 있나요?"라고 질문했다. 학생들은 VTS 수업에서 배운 것을 바탕으로 하여 자유롭게 브레인스토밍하며 수정헌법의 핵심을 이야기했다. 수정헌법의 첫 번째 조항은 다음과 같다.

> 의회는 종교의 설립 및 자유로운 종교 활동을 금지하고, 연설이나 언론의 자유를 제약하고, 평화롭게 집회를 열거나 정부에 민원 처리를 청원하는 것을 제한하는 법을 만들지 않아야 한다.

단순히 수정헌법의 의미뿐만 아니라 각 조항에 담긴 권리들이 어떻게 보호되는지를 이해해야 한다. 브라이언이 학생들의 의견을 바꾸어 말하고 다양한 의견을 연결하며 촉진자로서 수업을 이끌자 학생들은 서로 도와가며 수정헌법의 원리를 이해할 수 있었다. 브라이언은 이미지 토의를 하는 동안 학생들에게 정보를 제공하지는 않았지만 학생들이 스스로 생각할 수 있도록 도와주었다. 학생들은 수정헌법이 보호하는 권리의 의미와 이와 관련된 문제를 꼼꼼히 파악하고자 했다.

학생들은 수정헌법이 여러 권리를 보호하기 위해 제정된 것임을 추론했다. 브라이언은 "무엇을 읽고 그렇게 생각했나요?"라는 질문과 바꾸어 말하기를 현명하게 사용해 학생들이 권리를 이해하도록 도왔다. 그는 "제약하다"나 "평화롭게 집회를 여는", "민원 처리"와 같은 구절을 노련하게 다른 어휘로 바꾸어 말해주며 학생이 그 의미를 파악할 수 있도록 했다.

모마에서의 나의 경험을 돌이켜 볼 때 많은 정보와 해설을 기억에 남도록 가르치는 것은 힘든 일이다. 학생이 학습에 대한 준비도가 낮고 배우는 내용에 대한 선택권이 없으며, 교육의 수준이 발달 단계와 부합하지 않을 때에는 더욱 그렇다. 이러한 상황에서는 수업에 참여하기가 어렵고 학습 내용에도 흥미를 잃게 된다. 특히 학교에서 배우는 사회나 과학 같은 과목에서는 대부분의 내용이 매우 빨리, 그리고 짧게 제시되기 때문에 배우기가 더 어려워진다. 제아무리 사진과 지도, 도표가 풍부하게 수록되어 있을지라도 교과서를 중심으로 가르치면 학생의 참여를 유도하기 힘들다. 하지만 다른 방법으로 접근하면, 수정헌법과 같이 딱딱하고 우리와 동떨어진 듯한 역사적 사건도 실제 삶과 관련지어 이해할 수 있다.

브라이언은 학생들이 자신의 방식으로 해석할 수 있는 기회가 주어진다면 난해한 어휘에 담긴 어려운 개념도 이해할 수 있음을 관찰했다. 3학년 학생들에게 주어진 내용을 각자의 방식으로 이해하도록 하자 매사추세츠주의 평가 기준을 충족할 수 있었다. 이를 위해서는 무엇보다 학생들의 대화를 경청하고 생각의 틀을 형성하도록 도우며, 정확하고 철저하게 토의를 이끄는 교사의 역할이 중요하다. 어린 학생들은 권리장전의 첫 번째 조항을 이해한 후 차례대로 나머지 여덟 가지의 조항도 끝마칠 수 있었다.

이 과정에는 약 한 시간이 걸렸고, 그 후 브라이언은 "권리장전을 살펴보았으니, 이제는 여러분이 새로운 국가를 세운다고 상상해 봐요. 수정헌법의 타협 불가능한 권리들 중 어떠한 것들을 포함할 수 있을까요?"라고 물었다. 교사는 학생들에게 짝을 지어 가치 있다고 생각하는 권리들의 리스트를 적어보라는 과제를 내주었다.

그는 최근 메일을 통해 아이들이 30분 안에 엄청난 것들을 생각해냈다고 말해주었다.

다음과 같은 것이 기억납니다. — 모든 사람은 건강을 추구할 권리가 있다. 모든 사람은 행복할 권리가 있다. 모든 사람은 자신이 적합하다고 생각하는 결혼(어떤 아이는 직접적으로 동성 결혼이라고 언급했습니다)을 하거나 하지 않을 권리가 있다. 모든 사람은 자신의 언어로 말할 권리가 있다. 모든 이에게는 주거와 노동의 권리, 빈곤으로부터 보호받을 권리가 있다. 모든 사람은 교육을 받고 안전할 권리가 있다.

3학년 학생들은 권리에 관한 강력한 리스트를 만들었다. 누구도 배운 것을 그대로 반복하지 않았으며 다음 시간에 브라이언과 함께 리스트를 비교해가며 몇 개의 항목을 추가했다. 학생들은 권리와 관련된 여러 개념을 효과적으로 배운 것 같았다. 정부는 국민을 특정한 방법으로 보호해야 할 의무가 있다는 것, 모든 시민은 "권리"를 공유한다는 것, 그리고 헌법에는 권리가 적혀 있으며 권리는 추가되기도 한다는 것 등을 말이다. 또한 학생들은 사회 수업에서 단순히 "오래전 옛날"이 아닌 특정한 시점의 사건을 돌아보며 현재에 적용할 수 있는 무언가를 배울 수 있다는 점을 깨달았다. 학생들이 만든 권리에 관한 리스트는 오늘날 몇몇 중요한 권리가 보장되지 못한다는 그들의 생각을 반영한다. 그들이 여덟 살이라는 것을 고려하면 이는 분명 놀라운 성과다.

브라이언은 단어를 일부만 바꾸어 VTS 질문을 다른 과목에 적용했다. 그는 우선 "이 글에서 무슨 일이 일어나고 있나요?"라고 물어보고, 다음으로 "무엇을 읽고 그렇게 말했나요?"라고 물었다. 그는 일 년에 열 번 정도 진행되는 VTS 토의에서 하는 것과 같이 학생들의 의견에 답했다. 그는 VTS를 다른 과목에 적용할 때 다음의 두 가지 사항을 고려한다. 우선 학생들은 VTS 질문과 브레인스토밍에 친숙해야 하며, 자신감을 가지고 협동하여 의미를 만들어나갈 수 있어야 한다. 최근에 이민 온 아이가 아닌 이상 브라이언의 학생들은 유치원 때 VTS를 처음 접했고, 1, 2학년을 거치며 VTS에 익숙해져 낯선 주제에 거부감을 덜 느끼고 총괄적으로 이해하는 역량을 지니게 되었다. 토의가 끝난 후 아이들은 또 다시 짝을 이뤄 적절하다고 생각하는 법안을 적어냈다.

브라이언의 수업을 참관하며 VTS를 활용해 사회 및 시사 수업을 진행했던 것이 떠올랐다. 나는 6학년 학생들에게 지도와 뉴스, 2009년 1월 「뉴욕 타임스」에 실린 가자지구에 거주하는 이스라엘과 팔레스타인 사람들의 사진을 보여주었다. 학생들은 이스라엘과 팔레스타인 사이의 분쟁에 대해 알지 못했다. 내가 "가자지구는 지중해 연안에 있다"는 뉴스 기사의 첫 구절을 읽어줄 때, 누구도 **가자**가 지칭하는 바를 파악하지 못했다. 그나마 한 학생이 지중해를 "아마 바다일 것 같다"라고 추측할 뿐이었다.

이 시점에서 나는 지도를 보여주었다. "여기에서 어떠한 일이 일어나고 있나요?"라고 물어보자 학생들은 가자, 이스라엘, 지중해, 이집트, 그리고 최근의 분쟁과 관련된 여러 주요 지형물의 정확한 위치를 집어냈다. 이를 배경지식으로 하여 우리는 교전 이후 폐허가 된 마을의 모습을 묘사하는 신문 기사와 다섯 장의 사진을 번갈아 가며 보았다. 사진을 보며 기사를 읽자 사건이 더욱 생생하게 다가왔다. 올드 아도비에서 근무하고 있는 트레이시 매클루어는 다음과 같이 설명했다.

> 학생들은 자신이 들어보지 못한 곳에서 일어나는 일들의 의미를 찾는 것을 두려워하지 않게 되었습니다. 학생들은 주제에 완전히 몰입했으며, 신문 기사와 이미지를 바탕으로 사건의 전체적인 그림을 그려냈습니다. 점심시간이 끝난 후 한 시간 반 동안 이어진 긴 토의 끝에 학생들은 자신이 배운 것과 질문을 적었습니다.
>
> 몇 개의 질문은 굉장히 심오했습니다. 왜 UN은 이스라엘인들을 아랍 영토에 두었는가? 왜 이스라엘과 하마스는 문제가 해결되지 않는다고 계속해서 싸우는 것인가? 왜 그들은 서로의 차이점을 그냥 두지 않는 것인가? 테러리스트라는 것은 무엇인가? 팔레스타인인들은 다른 단체를 테러리스트로 여기는가? 그렇다고 해서 해결이 되는 것도 아닌데, 왜 책임이 있는 사람들이 아닌 무고한 사람들을 죽이는 것인가? 미국은 이스라엘을 어떻게 돕고 있으며 그 이유는 무엇인가? 영토를 두고 싸우는 것이라면서 왜 영토를 파괴하는 것인가?

6학년 학생들이 복잡한 문제를 단순화한 경향이 있는 건 사실이다. 하지만 나는 학생들이 문제의 핵심에 도달하길 바랐고, 이를 위해 기꺼이 부수적인 요소는 생략하도록 맡겨두었다. 나는 학생들이 그들의 기준으로 어른들의 일을 판단하길 원했다.

트레이시는 학생들이 부모에게 기사와 이미지를 보여주며 토의 내용을 요약하게 하는 것으로 수업을 마무리했다. “학생들은 부모님과 함께 기사의 내용을 이야기하며 주제를 더 잘 이해하게 되었고, 부모 역시 그들과 비슷한 의문을 가지고 있음을 알게 되었습니다. 그리고 부모님이 지역의 문화에 대해 덧붙여서 알려줬다고 전해주었습니다.”

이렇듯 VTS는 자료를 이해하는 데 도움이 될 뿐만 아니라 역사학자나 인류학자와 같은 수준의 통찰력을 함양하게 해준다. 학생들은 과학자가 그러하듯 주의 깊게 관찰하며 증거에 입각해 결론을 이끌어내게 되었다. 학생들은 현미경 사진이나 기상 시스템의 위성사진을 두고 “VTS 방식으로” 토의하며 과학자가 어떻게 복잡한 문제에 접근하는지 이해했고, 스스로 보고 생각하는 것만으로 파악할 수도 있지만 타인의 도움이 필요한 경우도 있다는 사실을 깨달았다. 더불어 어떠한 현상이 여전히 미스테리로 남아 있을지언정 이미 “알고 있는 것”을 기반으로 하여 정보를 더 찾아볼 수 있다는 사실 또한 깨닫게 되었다. 학생들을 보다 깊이 탐구하게 하고 새로운 지식을 쌓아가도록 이끄는 VTS의 효과는 다음의 여러 사례에서도 엿볼 수 있다.

과학과 적용 사례

VTS로 광학 현상 이해하기

20년 동안 건축가로 일하다 15년 전 딸이 공부하는 것을 보고 선생님이 되기로 결심한 크레이그 매디슨은 과학을 매우 중요하게 생각한다. 그는 캘리포니아주의 서노마에 있는 K-5 엘 베라노 초등학교에서 몇 해 동안 2학년 학생을 가르치다가 이후 3학년 학생을 계속 지도했다. 크레이그가 담당하는 학생들은 대략 80퍼센트가 히스패닉이고, 70퍼센트는 ELL 학생이며, 85퍼센트는 무상 또는 부분 부담 급식 지원을 받는다. 학교 평가는 좋지 않지만 점수만으로 학교를 판단할 수는 없다. 이 학교에는 교사들을 지지하는 교장 마이테 이투리를 포함하여 헌신적이며 재능 있는 교사들이 많기 때문이다.

엘 베라노 초등학교는 2007년과 2008년 사이 학교 전체에 VTS를 도입했다. 교사진은 대학교의 컨설턴트와 협업해 브라이언이 그랬던 것처럼 창의적인 팀으로 일하고 있다. 그들은 영어를 별개의 과목으로 분리하지 않고 모든 수업의 중심에 두고 가르치는 "독창적인" 교육과정을 구상했다. 학생들은 미술작품에 대해 토의하는 과정에서 영어를 배운다. 교사들은 다른 수업에도 토의를 도입하여 수업을 "창의적으로" 진행한다.

다음은 과학 수업에서 크레이그의 지도 아래 학생들이 나눈 토의 내용을 요약한 것이다. 과학 수업은 체험과 탐구를 기반으로 하기에 VTS의 질문을 활용하여 토의를 진행하기에 적합하다. 수업의 주제는 그림자 현상에 관한 것이었다. 크레이그는 나무의 그림자가 비치는 넓은 벽과 벤치, 활기차게 이야기하는 두 여자의 그림자를 보여주고 바로 VTS 토의를 시작하도록 했다.

과학 탐구 활동은 엘 베라노가 자체적으로 개발한 영어 발달 커리큘럼의 하나로, 과학을 매개로 영어를 배울 수 있도록 합니다. 이러한 수업 과정의 목표는 서로 이야기를 나누며 영어를 익히고 조사한 내용과 근거를 공유하며 함께 의미를 형성해 나가는 데 있습니다.

저는 VTS로 그림자에 관한 수업을 시작해 학생들이 교실 안에서 흥미로운 그림자를 찾고 이를 주의 깊게 관찰하도록 했습니다. 이미 모든 수업에 VTS를 도입했고, 다양한 탐구 활동에서 VTS 질문을 보편적으로 사용하고 있었기 때문에 학생들은 이러한 요청을 익숙하게 받아들였습니다. 다음으로는 학생들에게 "여기에서 무슨 일이 일어나고 있나요?"라고 물었습니다.

알프레도와 제이슨은 책상에 있는 그림자를 저에게 보여주었고, 그것이 그림자인지 아니면 책상 위에 있는 손의 반사된 상인지 모르겠다고 했습니다. 이 시점에서 저는 그들의 의견을 다른 표현으로 바꾸어 말했습니다. 제이슨은 "그림자도 반사된 상일 수 있나요?"라고 질문했고, 저는 "이를 조사하기 위해 탐구 계획을 세워 볼까요?"라고 대답했습니다.

샘과 마리아는 바닥에 비친 밝은색의 연필 그림자를 보여주었습니다. 아이들은 그림자가 회색이나 검은색이 아닌 연필의 밝은색이라는 점을 지적했습니다. 마리아는 연필이 빛을 막는 동시에 반사하고 있으니 그림자이자 반사된 상이라고 했습니다. 저는 마리아의 의견을 다음과 같이 정리해 주었습니다. "마리아는 이 그림자가 전에 제이슨이 물어봤던 그림자이자 반사된 상의 예시라고 생각하는군요. 그림자가 연필의 색이라 그렇게 생각했어요."

에런과 제레미는 다른 물건이 세 가지의 그림자를 만든다고 했습니다. 제가 무엇을 보고 그렇게 말했냐고 물어보자, 여러 겹으로 겹쳐져 다양한 방향으로 난 의자의 그림자를 보여주었습니다. 저는 무엇이 세 가지의 그림자를 만들 수 있냐고 물어보았고, 아이들은 한 개의 광원이 세 개의 그림자를 만들지 않는 한 세 개의 광원이 있을 거라고 했습니다. 에런은 한 가지 물체에 빛을 비추면 반대편에 그림자가 나타난다고 설명해주었습니다. 제가 이 세 가지의 그림자를 만들기 위해서 광원이 어디에서부터 왔을지 물어보니 아이들은 그림자의 반대편에서 광원을 찾기 시작했습니다. 제레미는 북쪽의 창문으로부터, 에런은 천장의 형광등으로부터 빛이 온다고 하였습니다. 대화를 듣고 있던 알바로는 더 많은 빛이 들어오는 남쪽 벽에 달린 높은 창문이 세 번째 그림자를 만든다고 했습니다.

학생들은 VTS를 통해 보다 자세히 살펴보고 듣고 예시를 찾으며 의견을 나누었습니다. 학생들이 이와 같은 단순한 활동에 오랫동안 열의 있게 참여하는 사실이 놀라웠습니다. 그들은 그동안 늘 자신의 주변에 있던 그림자를 자세히 볼 수 있는 기회를 허락받지 못했거나 그들이 관찰한 것을 이해하는 법을 알지 못했던 것처럼 보였습니다. 학생들은 VTS 방식으로 이미지와 텍스트를 보며 과거에는 감지하지 못했던 미묘한 요소를 찾아내는 감수성을 발전시킬 수 있었습니다.

학생들은 전교생 앞에서 각자 조사한 것을 발표하기 전 반 친구들 앞에서 연습하는 시간을 가졌고, 서로 피드백을 주고받았습니다.

마리아의 조가 얼음 위에서는 그림자가 비치지 않는다고 하자 학생들의 의견이 나뉘었고 그들은 증거를 보여달라고 했습니다. 그러자 마리아는 얼음 주위에서는 그림자가 명확히 보이나 얼음 위에서는 그렇지 않음을 보여주었습니다. 하지만 다른 학생들은 그림자를 보았다고 했습니다. 손이 빛을 막고 있어 얼음이 더 어두워 보이고, 테두리가 날카롭지 않아 선명하지 않을 뿐 분명히 그림자였다는 것이었습니다. 모든 학생이 이에 동의했고 마리아의 조 또한 그림자를 보았음을 솔직히 인정했습니다.

그들에게 가설을 검토하고 싶은지 묻자 그들은 그렇다고 대답했습니다. "그렇다면 포스터에는 뭐라고 써야 할까요? 저희는 포스터에 적힌 내용을 더 이상 사실이라고 생각하지 않아요." 저는 마리아와 그의 조원에게 훌륭한 과학자라고 칭찬해 주었습니다. 새로운 정보를 바탕으로 처음에 옳다고 생각했던 가설을 수정했기 때문입니다. 이는 더 나은 의견이 있다면 기존의 생각을 얼마든지 바꿀 수 있다는 것을 보여주는 좋은 계기가 되었습니다.

학생들은 "구름은 그림자를 만드는가? 그렇다면 유리는? 비행기는 바닥에 그림자를 만들 수 있는가? 그렇다면 구름 위인가, 나무 위인가, 물 위인가?"와 같은 질문을 포스터에 적어 넣었다. 크레이그는 학생들에게 과학 현상에 관해 설명하기보다 충분한 시간을 주어 직접 관찰하게 하고 이야기를 나누며 호기심을 불러일으킬 수 있도록 했다. 학생들은 종종 재미있는 모양의 그림자를 만들어 사진으로 찍고, 크레이그 또한 VTS가 제공하는 사진을 살펴보거나 검색을 하여 그림자가 있는 이미지를 찾는다. 그는 이러한 이미지를 바탕으로 VTS 토의를 진행하며 과학 수업을 새로운 방식으로 이끌려고 한다.

과학 수업을 하며 VTS가 학습을 위한 최적의 분위기를 조성한다는 사실을 깨달았습니다. 가장 중요한 건 학생들에게 시간을 충분히 주는 것입니다. 현재의 교육과정은 승객이 탑승했는지 확인하지 않고 출발하는 열차와 같이 학생에게 미리 정해진 것을 배우라고 강요합니다. 하지만 VTS는 속도 제한을 풀고 학생들의 호기심에 맞추어 수업을 진행하도록 합니다. 학생들에게 관찰하고 숙고하고 토의할 시간을 주면 그들은 스스로 보다 깊이 있는 의견을 생각해내고 이를 뒷받침할 근거를 찾습니다.

VTS의 또 다른 효과는 이미 준비된 "정해진 대답"을 멀리 하게 된다는 것입니다. VTS는 학생들이 새로운 정보를 발견하고, 새로운 방식으로 바라보며 이전에 보았던 것도 새롭게 해석할 수 있도록 합니다. 학생들은 지식을 전달하는 교사의 권위에 의존하는 데서 벗어나 자신의 호기심이 이끄는 대로 따라가며 주체적으로 의미를 구성합니다. 그들은 단순히 권위에 기대어 정해진 답을 찾으려 하지 않습니다. 대신에 적극적으로 다른 학생들과 대화를 나누며 영향을 주고받습니다.

영어과 적용 사례

VTS로 영어 단어 익히기

캐롤 헨더슨은 사회 생활에 실제로 도움이 되는 학교 과제가 무엇일지 고민해왔다. 캐롤은 교육자이자 방학 중엔 작품 활동을 하는 예술가로, 올드 아도비 학군에서 미술 전담 교사로 재직한 바 있다. 올드 아도비는 총 네 구역으로 구성된, 엘 베라노에서 멀지 않은 캘리포니아주 서노마에 위치한 인구 6만 이하의 작은 도시인 페탈루마의 학군이다. 페탈루마는 한때 목축업이 발달해 "세계 최고의 달걀 생산지"라고 불렸다. 오늘날 페탈루마에는 인구가 고르게 분포되어 있다. 샌프란시스코로 통근하는 사람들이 일부 거주하기도 하지만 거리가 제법 멀어서 아주 많지는 않다. 페탈루마는 작은 마을 같은 느낌을 준다. 캐롤은 이 지역에서 기간제 교사로서 다양한 학년을 가르치던 중 VTS에 흥미를 느껴 오클랜드 뮤지엄 Oakland Museum의 여름 워크숍을 이수했다.

캐롤은 전담 교사 없이도 미술작품을 자연스럽게 감상하게 하고 새로운 방식으로 수업을 이끌 수 있다는 점에서 VTS에 매력을 느꼈다. 그는 다른 교사와 관리자에게 VTS를 알리고자 애썼다. 올드 아도비의 교장인 제프 윌리엄슨은 교사들이 VTS를 시행할 수 있도록 적극적으로 도왔다. 트레이시 매클루어도 처음에는 이 새로운 교육 방법에 회의적이었지만 이으고 캐롤의 열정에 동참하게 되었고, 두 사람 덕분에 전 교사가 VTS를 시행하게 되었다. 일부는 호응이 대단했고, 다른 일부는 그렇지 않았지만 지금은 전 학년에서 VTS를 활용하고 있다.

캐롤은 올드 아도비를 떠난 후 미워 밸리 초등학교에서도 VTS를 이어갔다. 당시 학교는 성적 문제로 고민하고 있어 VTS를 시행하기에는 적절하지 않아 보였을 수도 있지만, 교장 킴 하퍼는 열정적으로 학생들을 가르치려 하는 캐롤을 지지해주었다. 캐롤은 수업을 하며 6학년 학생들의 참여도가 낮다는 사실을 발견했다. 미워의 학생들은 페탈루마에서도 생활 환경이 좋지 못한 편에 속했다. 약 절반 이상이 라틴계였으며, 또 절반 이상이 경제적으로 어려운 상태였다. 또한 사실상 절반이 ELL이었고 17퍼센트 정도는 장애를 가지고 있었다. 평균 성적은 국어, 수학, 과학 과목에서 50퍼센트를 웃도는 수준으로 올드 아도비 학군에서 가장 낮았다.

캐롤은 VTS가 학생들에게 수업에 참여할 동기를 부여할 수 있으리라 판단했다. 캐롤은 학생들과 함께 VTS 방식으로 미술작품에 대해 이야기하기 시작했다. 학생들의 반응을 관찰하며 프로그램을 늘려갔고, 신문 등의 다양한 대중 매체에 등장하는 이미지에 관해 토의하며 하루를 시작하는 "오늘의 이미지" 시간을 마련하기도 했다. 그는 VTS를 통해 자연스럽게 학생들의 관심사와 성장 환경을 파악할 수 있었다. 학생들은 수업에 참여해 주체적으로 관찰했으며, 각자의 의견을 말하며 언어 능력을 발전시켰다. 더불어, "다른 현실"을 체험함으로써 공감 능력과 함께 복잡한 사회를 일관성 있게 바라보는 통찰력을 기를 수 있었다.

VTS는 학생들이 편지 쓰기 과제를 할 때 특히 도움이 되었다. 아프가니스탄 전쟁에 파견된 미군에게 쓴 학생들의 편지는 처음엔 별다른 내용 없이 밋밋했다. 캐롤은 편지를 읽으며 아이들이 전쟁이나 국가의 개념을 제대로 이해하지 못하고 있다는 사실을 알게 되었다. 캐롤은 교전 지역을 찍은 사진이나 국가 간 갈등, 혹은 전쟁의 의미를 알려주는 사진을 골라냈다.

그는 학생들에게 워싱턴의 싱크 탱크 기관인 뉴 아메리카 재단이 발행한 정보 포스터를 보여주었다. 포스터는 미국 전쟁에 대한 통계 자료와 군사 작전의 내용, 민족 간 대립 양상, 아프가니스탄의 경제 동력과 분쟁 관계 속 파키스탄의 역할, 지도 등의 자료를 한 페이지에 담아 소개한다.[3] 정보가 집약되어 있지만 뉴스나 잡지처럼 쉽게 읽을 수 있다. 캐롤은 산과 평지, 지형의 경계가 드러난 별도의 캡션이 없는 인공위성 사진도 함께 제시했다. 더불어, 남자들이 줄 지어 무거운 건축 재료를 들고 산을 오르는 장면과 군사용 차량에서 넓은 고속도로를 찍은 설명이 달리지 않은 사진도 보여주었다. 넓은 계곡을 가로지르며 뻥 뚫린 고속도로에 운전기사의 헬멧 그림자가 비스듬히 비친다. 멀리서 또 다른 군사용 차량과 오토바이가 다가오고 긴 흰색 옷을 입은 아프가니스탄 사람이 인도를 따라 걷고 있다.

며칠에 걸쳐 사진을 자세히 관찰하며 학생들은 아프가니스탄 전쟁에 관해 의견을 나누었고 여러 궁금증을 지니게 되었다. 그들은 "아프가니스탄에서 전쟁 중인 우리 군인들"이 의미하는 바가 무엇인지 깨우쳤고 편지를 진정성 있게 새로 고쳐 썼다. 파병된 군인들에게 고국으로부터 온 편지가 의미 있으리라는 사실을 이해했기 때문이다.

캐롤의 "오늘의 이미지" 활동은 의미 있는 효과를 거두었다. 학생들은 수업에 적극적으로 참여하고 날카로운 관찰력을 보였으며, 사진 작가가 어디서 어떻게 사진을 촬영했는지에 대해 이야기를 나누었고(이는 작가의 관점을 탐구할 때 유용하다), 사진의 출처에 관해 질문했다. 이러한 토의 활동은 학생들에게 실질적으로 영향을 미쳤다.

머리에 두건을 두른 여성을 찍은 사진에 대해서 토의했던 날이 기억납니다. 영어가 모국어가 아닌 학생이 여성이 머리에 두르고 있는 것이 무엇인지 물어보자, 다른 학생이 무심하게 **베일**이라고 알려주었습니다. 친구의 질문에 답하며 더 정확한 단어를 알려준 것입니다. 학생들은 연습 문제를 풀기보다 서로 도우며 단어를 익힐 수 있게 되었습니다. **베일**이라는 단어는 이전에도 다양한 상황에서 여러 번 등장했지만, 학생들은 단어를 보다 자연스럽게 받아들이고 별도의 풀이 없이도 의미를 이해하게 되었습니다.

데브라 비그나는 조금 다른 방식으로 VTS에 접근한다. 앞서 언급했듯, 데브라는 오리건주 포틀랜드의 로럴허스트 학교에서 2학년 학생들을 가르친다. 이 학교에는 유치원부터 8학년까지의 학생이 있으며, 지역 신문에 따르면 전반적으로 "우수"하다는 평가를 받는다. 또한 학생들 중 1퍼센트만이 ELL이며 15퍼센트가 무상 또는 부분 부담 급식 지원을 받는다. 2006년과 2011년 사이에는 읽기, 쓰기, 수학, 그리고 과학 과목에서 87퍼센트가 적정 수준 이상의 성적을 받았다. 학교의 건물은 넓고 우아하면서도 리모델링되어 현대적인 느낌을 준다. 학생이나 교사라면 누구나 선호할 만한 그런 학교다.

데브라는 특히 연결하기를 적극적으로 활용하여 4년간 VTS 활동을 진행했다. 그는 관련된 의견을 연결하며 학생들의 의견을 정리했다. "친구들로부터 들은 것을 간단하게 요약했군요"라고 바꾸어 말해주는 식이었다. 그는 학생들의 생각을 바꾸어 말하고 어휘를 보충하며 여러 가지 의견들을 연결하여 맥락을 형성했다. 그는 학생들의 의견을 존중하면서도 적절한 표현을 알려주었고, 학생들이 주체적으로 사고할 수 있도록 했다. 이는 마리온 바전트가 스포캔에서 했던 활동과 유사하다. 학생들은 데브라가 바꾸어 말하기를 통해 알려준 단어를 사용하며 어휘를 보다 적절하게 구사하게 되었다. 이제 학생들은 "동의합니다"와 같은 어려운 표현을 사용할 수 있다. 이러한 활동을 통해 습득한 어휘는 글쓰기로도 이어진다. 이는 다음 장에서 자세히 다루도록 하겠다.

캐롤 헨더슨의 "오늘의 이미지"는 트레이시 매클루어가 올드 아도비 학교에서 6학년을 대상으로 진행했던 "오늘의 시" 활동으로부터 영감을 받은 것이다. 올드 아도비는 미워과는 다른 학생 분포를 보인다. 학생들 중 25퍼센트만이 경제적으로 어렵고, ELL도 미워의 절반에 불과하며, 10퍼센트 미만의 학생들이 장애를 가지고 있다. 미워 학생들의 평균 성적이 50퍼센트 남짓인 반면 올드 아도비 학생들의 성취도는 비교적 높다. 2009년에서 2010년 사이 그들은 평균적으로 국어에서는 68퍼센트, 수학에서는 71퍼센트, 과학에서는 84퍼센트의 성적을 거뒀다. 트레이시의 반의 평균 성적은 2012년에 87퍼센트에 이르기도 했다.

문학작품은 다양한 방식으로 해석할 수 있기 때문에 집중해서 읽어야 한다. 따라서 우리는 시나 단편 소설을 다루는 수업에도 VTS 방식을 적용할 것을 권한다. ELL로 분류된 학생들뿐만 아니라 독해 능력이 부족한 학생들도 읽는 행위에 거부감을 느낄 수 있다. 그렇기에 모든 학생이 수업에 잘 참여할 수 있는 것은 아니다. 처음에 우리는 VTS가 모든 학생에게 맞는지 확신하지 못했지만, 곧 VTS가 모두를 위한 교육법이라는 사실을 깨닫게 되었다. 트레이시는 VTS를 통해 고난도의 어휘를 일상적으로 익힐 수 있음을 보여주었다.

트레이시는 여러 해 동안 6학년 학생들에게 다양한 문학작품을 가르치며 글을 잘 쓰기 위해서는 다양한 예시를 접해야 한다는 사실을 깨달았다. 학생들은 적절한 언어 사용의 효과를 경험할 필요가 있었다. 그리고 이는 직접 글을 쓰며 단어와 표현을 신중하게 골라내고, 자신의 어휘력이 어느 정도인지 실감하는 과정에서 느낄 수 있는 것이었다. 그는 학생들에게 시를 쓰는 과제를 내주었다. 몇몇 학생들은 일부 어른들이 오해하는 것처럼 시를 감정의 과잉이라 느끼기도 했다. 그러나 트레이시는 그의 방식을 고수했고, 결과적으로는 시험 결과가 나오기도 전에 긍정적인 효과가 목격됐다. 그의 학생들은 중학교에 진학한 후에도 글을 잘 쓰는 학생들로 인정받고 있다.

트레이시는 더 좋은 방법이 없을지 계속해서 고민했다. 그러다 시각 매체를 바탕으로 주체적인 사고를 이끄는 VTS의 효과를 목격했고, 이를 통해 학생들이 보다 주체적으로 글쓰기 능력을 발전시킬 수 있도록 도와야 겠다고 결심했다. 그는 우선 일 년간 이미지에 관해 VTS 토의를 진행한 후 대상의 범위를 시로 확장해 학생들이 언어를 이해하도록 도왔다. 이는 궁극적으로는 글쓰기에도 긍정적인 영향을 미쳤다. 그는 학생들이 이미지를 관찰하는 대신 글을 검토하고 있다는 사실을 자연스럽게 받아들일 수 있도록 브라이언이 그랬던 것처럼 질문을 약간만 바꿨다. 그는 "무엇을 보고 그렇게 생각했나요?" 대신 "무엇을 읽고 그렇게 생각했나요?"라고 물었고, 여기에 "몇 번째 줄인가요?"나 "어떤 단어를 읽고 그렇게 생각하게 되었나요?" 등의 질문을 더해 학생들이 글을 꼼꼼하게 읽을 수 있도록 유도했다. 시간이 지나며 처음엔 다루기 힘들었던 학생들도 토의에 참여하게 되었다.

트레이시는 시를 성심성의껏 골랐다. 특히 의회 도서관이 후원하는 전前 계관 시인 빌리 콜린스의 《시 180 프로젝트》에 큰 영감을 받았다.[4] 콜린스는 매해 시를 모아 앤솔러지를 펴내는데 매년 한 권씩은 고등학교에 배부된다. 대부분 현대 시인의 작품으로, 선정 기준은 우리가 VTS를 위해 이미지를 고르는 것과 동일하다. 즉, 익숙한 단어를 사용하되 결합하면 완전히 새로운 의미를 창출하여 생각의 여지를 남긴다. 트레이시의 의도는 콜린스 이상으로 야심찼다.

교사로서 심장이 뛸 때가 있는데, VTS 토의를 할 때가 그렇습니다. 지금은 학생들이 에드거 앨런 포의 「갈가마귀*The Raven*」이라는 시에 대해 놀라운 이야기를 나누고 있습니다. 이틀 전 저희는 에밀리 디킨슨의 「슬픔만큼 감지할 수 없는*As Imperceptibly as Grief*」이라는 작품에 대해 토의했습니다. 이 시에는 옛날 단어가 많이 나옵니다. 한 학생이 **배신**perfidy이라는 단어의 의미를 궁금해하자 즉시 열 명 내지 열다섯 명의 학생이 급히 사전을 꺼내 단어를 찾기 시작했습니다. 저는 토의를 진행하는 동안 일고여덟 명의 학생이 슬그머니 사전을 들추어 계속해서 어려운 단어를 찾고 있는 것을 발견하였습니다. 학생들이 단어를 "몰래" 찾는 것을 보고, 저는 단어의 의미를 찾아 다른 친구들과 공유하는 것은 훌륭한 일이니 그럴 필요가 없다고 말해주었습니다. 학생들은 누가 시키지 않았는데도 시를 해석하기 위해 사전에서 직접 단어를 찾게 된 것입니다. 교실에서 기적이 일어났습니다.

평소 예리하고 비판적인 관점을 견지하는 올드 아도비의 교장 제프 윌리엄슨도 "우리 학생들은 무엇 하나도 빠뜨리지 않겠다는 듯 몰입해서 읽습니다"라고 인정했다. 하루는 한 학생이 트레이시에게 다음과 같이 불평한 적도 있다. "선생님 때문에 망했어요. 저는 원래 글을 빨리 읽었는데, 이제 중간중간 제가 무엇을 읽었는지에 대해 생각해야 해요." 물론 학생의 부모님은 이를 문제로 보지 않았다.

가끔 이러한 불평이 나오기도 하지만, "오늘의 시"의 효과는 학생들 스스로도 잘 알고 있다. 한 6학년 학생은 다음과 같이 말했다.

시에 대해 토의할 때에는 모두 머릿속에 다른 그림을 그릴 수 있습니다. 미술작품에 대해서 토의할 때에는 그림이 앞에 있기 때문에 머릿속에 다른 그림이 그려지지 않습니다. 그러나 시의 경우에는 자신만의 해석을 머릿속에

> 그려낼 수 있어 모두의 그림이 조금씩 다르게 나타납니다. 시의 모든 구절을 각자의 방식으로 해석할 수 있습니다. 다른 사람들과 생각을 공유하면 더 많은 그림을 그릴 수 있고, 결과적으로 한 편의 시에 대한 다양한 그림을 가지게 됩니다. 모두가 머릿속으로 다른 영화를 상영하는 것과 같아서, 나중에는 스스로 읽고 이야기한 것에 대해 여러 편의 영화를 갖게 됩니다.

트레이시는 최근 한 학생에게 쪽지를 받았다고 한다. "시에 VTS를 도입한 첫해, 모든 방면에서 뛰어났던 학생이 이제는 10학년이 되었습니다. 학생이 시에 관해 나눈 토의를 바탕으로 텍스트를 분석하는 것을 보는 것은 저에게도 즐거운 경험이었습니다." 다음은 학생이 트레이시에게 써준 쪽지다.

> 저는 "오늘의 시" 활동을 왜 매일 아침 해야 하는지 궁금했어요. 하지만 지금은 그것이 얼마나 도움이 됐는지 알 것 같아요. 그동안 많이 공부했기 때문에 지금은 시에 대해 배우는 것이 즐거워요. 문학작품을 분석하는 방법을 이해했기 때문에 시를 읽는 게 쉽게 느껴져요.

요약

VTS의 무궁무진한 가능성

다시 한번 말하지만, 미술작품에 관해 토의했던 경험이 없이 VTS를 다른 과목에 적용하기란 쉽지 않다. 미술작품은 텍스트를 기반으로 하지 않는 시각적인 매체로, 누구나 감상할 수 있지만 동시에 여전히 어렵게 느껴진다. 다양한 방식으로 해석할 수 있고 여러 복합적인 주제를 다루며 사고와 감정 영역에 모두 걸쳐 있기 때문이다. 이것이 미술작품의 고유한 특성이자 VTS를 다른 과목에 적용할 수 있는 기반이다.

VTS를 텍스트, 특히 시에도 적용할 수 있음을 알게 된 것은 유의미한 발견일 것이다. VTS는 의미를 구성하는 데 초점을 두기 때문에 문학작품을 다룰 때에도 미술작품에 대해 토의했을 때와 마찬가지로 다양한 해석을 두루 점검할 수 있다. VTS는 일상적인 경험과 다소 동떨어진 어휘나 수학을 가르칠 때에도 유용하게 활용되며, 더 나아가 사회나 과학과 같은 과목에도 도입할 수 있다. 학생이 수업에 적극적으로 참여하고 낯선 주제를 이해하며 통찰력을 지니도록 유도하기 때문이다.

우리는 다양한 과목에 VTS를 적용한 여러 예시를 살펴보았다. 보다 논리적으로 현상을 밝혀주는 사례를 선별해 소개했을 뿐, 사실은 더 많은 사례가 존재한다. 많은 교사들이 기꺼이 그들의 경험을 이야기해주었다. VTS의 개념과 과정을 구성한 모든 단계에서 교사들이 우리의 멘토 역할을 해준 셈이다. 처음에 우리는 VTS를 오직 미술작품에만 적용할 수 있다고 생각했다. 하지만 곧 다양한 방식으로 해석할 수 있는 모든 주제에 적용해 활발한 토의와 생산적인 학습을 유도할 수 있음이 분명해졌다. 토의할 수 있는 분야는 무궁무진했다. 어쩌면 과학적으로 "옳은" 정답이 있다고 생각했던 문제조차 가능성은 열려 있을지도 모른다. 대부분의 수학 문제는 한 가지 이상의 풀이법을 지닌다. 과학자와 역사학자 또한 객관적인 진실을 찾으려 하기 전에 자료를 여러 관점에서 분석한다. 즉, 그들은 자신의 이론을 고수하기보다 기존의 연구와 일치하지 않는 여러 변수를 점검하며 새로운 가설을 떠올린다. 그리고 많은 교사가 VTS 토의가 새로운 발견으로 이어진다는 사실을 깨우쳤다.

학생들은 VTS를 통해 단순히 수업 내용을 익히는 것을 넘어 우리가 살고 있는 이 세계를 조금씩 이해할 수 있다. 그들은 적절하게 학습하는 법과 사고하는 법, 그리고 타인과 효율적으로 의사소통하는 법을 배울 것이다. 더불어 다양한 표현을 사용하여 글을 쓸 수 있게 될 것이다. 글쓰기는 개인의 생각과 욕구를 타인에게 전하는 유용한 도구지만, 우리는 일상생활이나 학교에서 이를 충분히 배우지 못하고 있다.

4장

글쓰기로 사고력 평가하기

다음은 어느 11월, 윈즐로 호머의 그림 〈채찍을 휘둘러라〉(그림 4.1)[1]를 보고 무슨 일이 일어나고 있는지 써보라고 하자 3학년 학생이 쓴 글이다.

사람들이 서로 잡아당기고 있는 것이 보인다. 아니면 서로를 잡으려고 하는 모습이다.

이듬해 5월, 열 번의 VTS 수업에 참여한 후 같은 그림을 보여주고 다시 한번 글을 써보라고 하자 학생은 다음과 같이 썼다.

나는 소년들이 놀이를 하고 있는 농부라고 생각한다. 모두 농부 모자를 쓰고 있기 때문에 그들을 농부라고 생각했다. 그리고 그들 뒤에 학교처럼 생긴 빨간 건물이 있는 것을 보고 그들이 학교에 있는 것 같다고 생각했다. 그리고 몇몇 소년은 신발을 신지 않았다. 그들의 가족은 돈이 많지 않은 것 같다.

우리는 두 글의 차이점을 쉽게 발견할 수 있다. 학생은 두 번째 글을 더 길게 썼을 뿐만 아니라 더 자세히 관찰해 더 많은 추론을 이끌어냈고, 더불어 추론을 뒷받침하는 증거를 제시했다. 이는 의미 있는 변화였다.

VTS는 다른 교육 방법과 달리 학생들의 사고력을 길러준다. 우리는 이후 열 차례의 VTS 수업 전후에 글을 쓰게 해 이를 변화나 성장을 가늠하는 평가 기준으로 활용하게 되었다. 물론 진짜 평가처럼 느껴지지는 않지만 말이다. 이는 일반적인 평가 방식보다 학생에 관해 훨씬 더 많은 것을 알려준다. 지난 50년간 실행된 단답형이나 객관식 시험은 학생의 능력을 부분적으로 보여줄 뿐이었다. 반면 이와 같은 열린 방식의 평가는 학생이 글쓰기 규칙을 준수하며 어휘를 풍부하게 구사할 수 있는지, 어떻게

그림 4.1

사고하며 6개월 동안 얼마나 변화했는지 종합적으로 판단할 수 있는 지표가 되어준다.

일반적인 표준화 시험은 쉽게 채점할 수 있지만, 이와 같은 새로운 형태의 평가를 위해서는 더 많은 노력을 기울여야 한다. 학생이 철자나 띄어쓰기를 틀리지 않고 문장을 제대로 썼는지 확인하는 일은 크게 어렵지 않으나, 문제는 두 글 사이에서 차이가 발생한 원인을 찾아내는 데 있다. 학생의 사고력이 발달하는 과정을 추적하는 것은 어려운 일이다.

이번 장에서는 VTS가 어떻게 사고력을 키우는지, 그리고 이를 글쓰기를 통해 어떻게 가늠할 수 있는지에 대해 이야기할 것이다. 이러한 평가 방식은 이미 많은 업무에 시달리는 교사들에게 더 많은 부담을 지우는 것일 수 있다. 따라서 새로운 평가 방식의 필요성을 강조하는 맥락에서 논의를 이어가고자 한다.

사고력을 키우는 VTS

하우젠과 나의 초기 목표는 학생들의 시각적 문해력(하우젠은 미적 사고 aesthetic thought라는 보다 정확한 용어를 사용했다)을 키우는 것이었다. 하지만 하우젠과 카린 디샌티스는 미네소타주 바이런에 위치한 한 초등학교에서 5년 장기 프로젝트를 진행하며 연구 범위를 확대했고, VTS를 통해 습득한 기술이 다른 과목에도 영향을 미치는지 살펴보았다. "무엇을 보고 그렇게 말했나요?"라고 물어보는 것이 증거를 바탕으로 추론하는 습관을 길러주었을까? 만약 그렇다면 학생들은 이를 다른 수업에서도 자연스럽게 활용할 수 있을까? 학생들은 과학 수업에서 근거를 바탕으로 의견을 제시하게 될까? 이는 생각해볼 문제였다. 교사의 지시가 없어도 맥락을 이해하고 주체적으로 배우며 이를 내면화하는 것은 어려운 일이기 때문이다.

하우젠은 미네소타주의 지방 공동체에서 5년간 연구하며 이와 같은 의문에 긍정적인 답을 내놓을 수 있었다. 동일한 연구를 도시에서 3년간 수행한 후에는 VTS의 효과를 더욱 확신하게 되었다. VTS를 통해 학생들은 정말로 구체적인 전략을 습득했다. 그들은 교사가 시키지 않아도 스스로 미술작품이나 화석, 과학적 표본 등에 숨겨진 의미를 찾고자 했다. 하우젠은 학생들이 **비판적으로 사고**하는 것을 목격할 수 있었는데, 이는 확실히 VTS 활동 후에 생겨난 변화였다.

학교에서 VTS의 효과를 어떻게 확인할 수 있을까? 1990년대 후반, 많은 학교가 학업 성취도를 높이기 위해 효과적인 교육 방법을 도입하고자 했다. 실제로 몇몇 학교에서 VTS는 효과가 있었으며, 바이런과 플로리다에서 시행한 두 연구[2]에서는 효과가 더욱 뚜렷하게 나타났다. 하지만 다른 학교에서는 VTS의 효과가 거의 나타나지 않았다. 우리는 곧 시험의 유형에 따라 VTS가 영향을 미치는 정도가 달라진다는 사실을 깨닫게 되었다. VTS의 가장 큰 효과는 복합적인 사고력을 길러준다는 것인데, 이는 대부분의 시험이 요구하는 수준을 훨씬 앞선다. 즉, VTS는 객관식이나 진위형, 순서 맞추기 등의 문제에서는 진가를 발휘하지 못한다.

VTS는 근거를 제시해야 하는 경우에 도움이 된다. 공통핵심기준은 수준 높은 사고력을 요구한다. 사고력을 요구하는 문제를 출제하는 시험이 많아질수록 VTS는 성적과 더욱 밀접한 연관성을 가지게 될 것이다.

하우젠과 디샌티스는 두 가지 사고 유형을 추적했다. 교사가 시키지 않아도 스스로 관찰한 것을 뒷받침하기 위해 증거를 제시하는 **증거 기반 관찰**과 여러 가능성을 염두에 두는 **추측**이 그것이다. 내가 VTS 연구에 집중하기 위해 모마를 떠난 후에도, 모마는 하버드의 프로젝트 제로Project Zero 팀과 함께 VTS가 학교에서 활용되는 사례를 연구했고 VTS가 증거 기반 추론 능력을 길러준다는 사실을 확인했다.[3] 보스턴에 위치한 이사벨라 스튜어트 가드너 뮤지엄은 연방 정부의 지원을 받아 3년 동안 연구를 진행하며 VTS를 통해 학생들의 관찰력과 해석 능력이 눈에 띄게 향상되었음을 입증했다. 더불어 VTS를 시행한 실험 집단과 VTS를 시행하지 않은 통제 집단 사이에서 근거를 제시하는 방법에 뚜렷한 차이가 나타난다는 사실 또한 밝혀냈다.[4]

학생들에게 공통적으로 나타난 VTS의 효과를 다음과 같이 요약할 수 있다. 여기에는 앞서 〈채찍을 휘둘러라〉에 관한 두 편의 글을 포함해 VTS 수업 전후 학생들이 쓴 글을 분석하며 알아낸 것이 다수 포함되어 있다.

> VTS를 시행한 결과, 참가자들은 처음보다 많은 것을 세세하게 관찰하고 복합적으로 이해하게 되었다. 그들은 관찰한 것을 바탕으로 맥락을 형성할

수 있었다.

참가자들은 점점 더 많은 추론을 이끌어냈고 관찰한 것에 의미를 부여했다. 그들은 자신의 추론과 해석, 의견을 뒷받침하기 위해 증거를 제시하는 습관을 길러나갔다.

참가자들은 처음에는 자신의 의견을 내놓기에 급급했으나 점차 다양한 가능성을 모색하기 시작했고 타당한 복수의 의견을 받아들이게 되었다.

시간이 지나며, 참가자들은 생각을 바꾸게 되었고 기꺼이 초기의 의견을 수정했다.

더불어 적절한 시점에 기존의 의견을 보다 정교하게 다듬고 명료하게 정리할 수 있게 되었다.

3학년 때부터 매년 20~30시간 VTS 수업을 들은 5학년 학생들은 모두 이와 같이 다양한 기술을 습득할 수 있었다. 그동안 과소평가되어 왔지만 미술작품을 깊이 있게 감상하는 것은 사고력을 기르는 데 도움이 된다. 하우젠은 초기 연구에서 초보 감상자 또한 미술작품을 복합적으로 감상할 수 있음을 지적했다. 더불어 VTS 방식으로 미술작품을 관찰하며 지속적으로 이에 대해 생각하고 토의한다면 특별한 사고 능력을 발전시킬 수 있다는 것을 밝혀냈다. 하우젠의 연구 보고서에서 자세한 내용을 확인할 수 있다.[5]

하우젠의 연구 결과는 흥미로웠다. VTS를 통해 길러진 사고력은 학기가 끝난 후에도 유효했을 뿐만 아니라 수년간 지속적으로 발달했다. 많은 학생들이 새 학기를 시작함과 동시에 지난 학기에 학습했던 것을 잊어버린다는 점을 고려할 때 이는 분명 놀라운 성취다.

뇌의 작동 방식을 파헤친 최근의 연구는 왜 VTS가 사고력을 키우며 기억에 오래 남는지 알려준다. VTS는 학습의 기본이 되는 인지 작용을 이용한다. 즉, VTS는 우리를 둘러싼 세계를 이해하도록 뇌가 작동하는 방식과 일치하기 때문에 매우 효과적인 교육 방법이다.

신경 과학이 발달하기 전인 20세기 중반에 심리학자 루돌프 아른하임은 이미 인지에서 지각知覺 행위가 분리될 수 없다고 주장했다.[6] 인지란 감각 기관이 받아들인 시각, 청각, 촉각, 미각 등의 정보를 뇌에서 즉각적으로 인식하고 분류해 처리하는 과정을 일컫는다. 이를테면 우리는 두려워해야 할지 웃어야 할지를 즉각적으로 파악한다. 그는 "지각과 사고는 불가분의 관계로 밀접하게 연결되어 있다"라고 했다.

아른하임은 1969년 저서 『시각적 사고*Visual thinking*』(VTS라는 명칭은 여기에서 따온 것이다)의 서문에서 오랜 기간 연구한 내용을 다음과 같이 요약했다.

> 지각 가운데 특히 시각에 대해 연구하며 감각이 환경을 이해하는 메커니즘이 사고심리학의 작동 방식과 거의 일치한다는 사실을 깨달았다. 반대로, 모든 종류의 인지 작용에서 가장 생산적인 사고는 상상의 영역에서 이루어진다는 사실을 확인했다.[7]

아른하임은 감각 중 시각이 특히 유용하며 청각과 결합해 언어 학습에 도움을 준다고 본다. 어린아이는 무언가를 본 후 이를 부모가 계속해서 말해주던 어떠한 소리와 결부시키며 언어를 배운다. 아이들은 매우 이른 시기부터 정보를 처리하고 여러 사물을 식별할 수 있다. 어쩌면 이는 아이가 처음으로 말을 하기 시작하는 것 이상으로 놀라운 일이다. 아이들은 말을 시작하기 전부터 비슷하게 생긴 공과 오렌지를 구분할 수 있고, 우리는 아이들의 이러한 능력에 의존하여 단어와 철자를 가르친다.

과학자들은 이를 바탕으로 정보가 처리되는 과정을 추적했다. 우리가 보고 들은 것은 각각 시각 정보를 처리하는 시각피질과 청각 정보를 처리하는 청각피질로 이동한다. 더욱 많은 연구가 이루어질수록 우리가 어떻게 그렇게 즉각적으로 정보를 받아들일 수 있는지, 혹은 우리가 본 것이 어떻게 언어 중추로 옮겨져 단어로 변환되는지를 밝혀낼 수 있을 것이다.

사고력을 기르는 것은 쉬워 보일 수 있다. 다양한 사고 기술이 VTS 수업을 통해 매우 자연스럽게 발전하기 때문이다. 하지만 사실상 사고력을 기를 수 있는 방법은 많지 않으며 단독으로 가르치는 것 또한 불가능하다. 듣기와 마찬가지로 사고력은 특정한 맥락 안에서만 습득된다. 구체적인 증거를 바탕으로 자신의 의견을 내세우는 **증거 기반 추론**evidential reasoning은 저절로 생기지 않는다. VTS의 두 번째 질문인 "무엇을 보고 그렇게 생각했나요?"가 필요한 이유다. 심지어 성인을 대상으로 한 토의에서조차 진행자는 이 질문을 반복하곤 한다. 우리가 받은 교육은 성인이 되는 데는 꽤 도움이 되었을지 모르나, 타당한 근거를 바탕으로 의견을 제시하는 습관을 길러주지는 못했다. 우리는 스스로에게 왜라고 되묻지 않은 채 생각한 것을 그대로 말한다. 심지어는 언론 매체조차 그러하다. 많은 언론인들이 최소한의 근거조차 내놓지 않은 채 주장만을 내세운다.

추론reasoning● 은 학습을 돕는다. 스스로 무언가를 알아야 한다고 느끼고 이해하고 싶어 하며, 제대로 설명하기 위해 의욕적으로 조사하고 근거를 찾는 행위기 때문이다. 추론은 얼핏 고도의 사고력이 요구되는 듯하며, 그 자체가 시작점이라기보다는 도달점에 가까운 듯하지만 사실 모든 인간은 기초적인 추론 능력을 타고난다. 심지어는 아기들조차 추론을 통해 상황을 인식한다. "엄마가 웃는다"고 생각하면, 아기는 "모든 게 괜찮

● 원문의 reasoning 과 inference는 모두 추론이라고 변역하였다.

아 보이니 나도 웃을 수 있다"고 판단한다. 혹은 "아빠가 즐거워 보이지 않는다"는 생각이 들면 아기는 걱정하기 시작한다. "내가 뭔가 잘못한 걸까?" 이와 같이 얼굴 표정 등을 관찰하며 상황을 이해하려 하는 것이 추론의 시작이다. 모두가 이해하고자 하는 욕구를 지닌다. 서너 살 아이들이 습관적으로 "왜"라고 묻는 것 또한 세계를 이해하기 위해서다. 많은 아이들이 물건을 분해하는 이유기도 하다. 그러나 많은 이들이 성장하며, 특히 학교에 다니며 "왜"라고 묻는 습관을 잃어버린다.

아이들이 습관적으로 추론하도록 하기 위해, 부모와 교사는 현상에서 의미를 읽어내도록 아이를 자극해야 한다. 무엇보다 인지 심리학자 레프 비고츠키가 제안한 대로 아이의 발달 단계에 맞추어 적절한 동기와 기회, 도움을 제공하는 것이 중요하다. 우리는 아이들에게 그들이 활용할 수 있는 추론의 틀을 찾아주어야 한다.

VTS의 효과를 추적하기 전까지 우리는 미술작품에서 의미를 찾는 행위가 비고츠키가 말한 것과 같은 맥락이라고는 생각하지 못했다. VTS에서 증거를 제시하도록 유도하기 위해 사용하는 "무엇을 보고 그렇게 말했나요?" 또한 초보 관람객의 인지 수준에 적절한 질문이라고만 생각했다. 하지만 하우젠과 디샌티스는 이러한 질문이 내면화되어 다른 영역으로까지 확장된다는 사실을 입증했다. 더 나아가, VTS는 사회성을 길러주는 데도 도움이 되었다. 친구들의 말에 내포된 의미를 읽어낼 수 있도록 돕기 때문이다. 이는 비고츠키가 지적한 바 있는, 여러 견해를 종합해 스스로뿐만 아니라 다른 친구들 또한 더 높은 수준으로 올라가도록 돕는 "관찰이나 아이디어를 제공할 수 있는 유능한 또래"[8]의 개념과 부합한다.

학생들은 본 것을 바탕으로 판단하는 데 익숙하기 때문에 "무엇을 '보고' 그렇게 말했나요?"라고 물으면 보다 쉽게 근거를 제시한다. "왜 그렇게 생각했나요?"라는 질문에 답할 때처럼 기억에 의존하거나 그렇게 말한 이유를 검증해야 할 필요가 없기 때문이다. 학생들은 그저 추론에 기반한 관찰 결과를 보여주기만 하면 된다.

하우젠에 의하면, 초보 관람객은 사물을 구체적으로 보는 경향이 있다. 학생들은 그림 속의 특정한 형상을 보고 "이 사람은 소녀예요"와 같이 말할 것이다. 이는 연령대가 낮은 아이들은 구체적으로 관찰한 것과 물건의 형태를 직접적으로 연관 지어 생각하는 경향이 있다는 장 피아제의 분석과도 일치한다. "왜 그렇게 생각했나요?"라고 묻는 것은 아이들이 그림을 보는 방식과 부합하지 않는다. "무엇을 보고 소녀라고 말했나요?"라고 묻는 편이 질문에 답하기 더 쉽다. 그러면 아이는 "머리가 길기 때문이에요"라고 대답할 수 있을 것이다. 한편, 다른 초보 관람객은 자신이 본 것에 기반해 그림 속 형상을 남자라고 생각할 수도 있다. 공을 들고 있는 모습은 이 학생에게 "소년"을 의미하기 때문이다. 두 학생은 점차 남자아이가 긴 머리를 할 수 있으며 여자아이도 공을 가지고 놀 수 있다는 사실을 인정할 것이다. 학생들은 친구들과 토의하며 다양한 이야기를 듣고 여러 가능성을 고려할 수 있다.

학생들은 소녀에게 순수함의 상징과 같은 의미를 부여하지 않았다. 학생들은 단지 이미지에서 미소라는 구체적인 현상을 보고 "소녀는 행복하다"고 추론했다[infer]. 이는 이해하기 어려운 문제가 아니다. VTS에서 사용하는 질문들은 "자신이 보는 것"을 말하도록 하기 때문에 학생들은 쉽게 근거를 제시할 수 있다.

아주 어린아이들에게는 이와 같은 질문이 어려울 수도 있다. 그러나 네다섯 살의 아이들도 질문에 적절히 대답했으며, 대여섯 살, 혹은 일곱 살인 아이들은 VTS 질문에 답하는 것을 즐기기까지 했다. 2, 3년간 VTS 수업에 참여한 학생은 대부분 습관적으로 VTS 방식으로 질문하고 답했다. 실제로 스포캔에서 6학년 학생들을 가르치는 레이철 젠더는 그가 물어보기도 전에 학생들이 VTS 방식으로 자문하는 것을 목격했다고 한다. 그는 더 이상 두 번째 질문을 촉매제로 제시할 필요가 없었으나 학생들은 레이철이 VTS의 규칙을 고수하기를 원했다. 그들은 레이철이 증거를 제시하도록 질문하는 것을 잊어버리자 이를 직접 알려주기도 했다. 학생들은 계속해서 도전하고 싶어 했다. "VTS 수업을 시행한 지 이 년 정도가 지나자 따로 물어볼 필요도 없었습니다." 다른 과목의 수업에서도 계속해서 반복했기 때문에 "무엇을 보고 그렇게 생각했나요?"라고 묻는 것이 자연스러운 습관으로 자리 잡은 것이다. 레이철은 덧붙였다. "학생들은 VTS 경험을 통해 더 이상 애매한 표현을 사용하지 않고 보다 정확하게 대답하게 되었습니다."

여러 연구나 사례는 학생들이 근거를 제시하게 되었다는 가시적인 변화를 보여준다. 학생들은 친구들과 함께 글을 쓰며 추측(이럴 수도 있고 저럴 수도 있다고 여기는 것)하고, 정교화(이전의 의견을 보다 구체화하는 것)하며, 수정(토의 등의 활동을 통해 기존의 생각을 바꾸는 것)할 수 있게 되었다. 스포캔의 또 다른 교사인 린다 스가노는 4학년 학생들은 쉽게 생각을 바꾸려 하지 않는다고 지적한다. 학생들은 생각의 일부를 추가하거나 제외할 뿐, 일반적으로 생각 자체를 바꾸려고 하지는 않는다. 하지만 그는 VTS를 통해 학생들의 포용력을 기대 이상으로 키울 수 있게 되었음을 발견했다. 아버지와 함께 행동 교정 프로그램에 참가한 한 학생도 곧 변화를 보였다. "그는 한 가지 이상의 의견을 받아들일 수 있게 되었습니다. 토의를 하며 아이는 '예전과 생각이 달라졌어요'라고 말하기도 했습니다. 정말 획기적인 변화였습니다."

미술작품과 발달 수준에 적합한 질문, 바꾸어 말하기와 연결하기를 기반으로 하는 모둠 활동이라는 세 가지 요소가 결합하여 변화를 이끌었다. 특히 바꾸어 말하기는 추측적 사고speculative thinking를 할 수 있도록 도왔다. 바꾸어 말하기는 상황에 맞추어 보다 정확하게 표현하는 행위로, 사실이라기보다 가능성을 제시하는 일종의 해석이기 때문이다.

학교가 VTS를 시행하는 기본적인 동기는 학생들로 하여금 생각하게 하기 위해서다. 우리는 정해진 시간 안에 목표를 이뤄야 한다. 그리고 여러 데이터가 평균적인 발달 수준의 학생뿐만 아니라 **모든** 학생이 30여 시간 남짓의 VTS 수업을 통해 사고력을 키울 수 있음을 증명한다.

지금의 평가 방식이 최선일까

유능한 성인으로 자라나기 위해서는 스스로 얼마나 성장했는지 평가할 수 있어야 한다. 성공한 사람들은 자신이 무엇을 하는지 인식하며 적절한 행동은 이어가고 적절하지 못한 행동은 고치려고 한다. 하지만 대부분은 이러한 건설적인 자기 비판에 익숙하지 않다. 교사의 책임이 막중한 이유다. 교사는 학생이 배우는 법을 배울 수 있도록 도와야 한다. 더불어 학생이 아는 것과 모르는 것을 돌아보고 더 많이 배우기 위해 무엇을 해야 할지 고민하도록 해야 한다. 다시 말해, 학생들의 성적을 매기는 데 치중하기보다 학생이 자기 자신을 평가하고 더 나아가 스스로 변화할 수 있도록 해야 한다. 이는 얼핏 정치인에게나 요구되는 거창한 소임인 듯하나 학생들이야말로 더 나아지기 위해 어떻게 해야 할지 자각할 필요가 있다.

표준화 시험은 이러한 역량을 키우는 데 별로 도움이 되지 않는다. 대개 학생은 그들의 의지와 상관없이 시험을 치르고 얼마나 많이 기억할 수 있는지를 평가받는다. 예를 들어 교육과정에 포함되어 있다면 학생들은 흥미가 있든 없든 책상에 앉아 대수학과 명사를 "교육 받고" "배운다". 그리고 자신이 학습 내용을 숙지했다는 것을 증명하기 위해 시험에 응한다. 조지 부시 전 대통령은 "학생들에게 읽는 법을 가르치면 그들은 문해력 평가를 통과할 것이다"라고 하며 표준화 시험에 관한 신뢰를 드러낸 바 있다. 이러한 시험에서 평가는 타인에 의해 이루어진다. 그러니 학생들이 시험 결과와 학업 성취도를 제대로 이해할 리 없다.

실제로 어느 정도의 효과를 거두었으니 이와 같은 교육 방식을 합당하다고 생각할 수도 있다. 그러나 학생들은 자신과 어떠한 관계도 없는 과목을 암기하며 학습의 즐거움을 잃어버리게 될 것이다. 배운 내용이 내면화되지 않는다면 학습하는 게 의미가 있을지 또한 의문이다. 나는 대수학에서 매우 높은 점수를 받았지만 지금은 아무것도 기억하지 못한다. 이러한 경험을 수십 년간 반복해왔다. 당신은 어떠한가?

평가를 중시하는 오늘날의 교육 현실은 위기에 처했다. "중요한 시험"은 학생들을 가차 없이 재단한다. 학생들은 자신이 공부를 잘하지 못한다는 사실을 알게 되며 자신감을 잃는다. 열심히 노력하는 학생에게 다른 친구들보다 잘하지 못한다고 이야기하는 것이 정말 도움이 될까? 학생들이 동등한 조건에서 경쟁해야 한다는 데는 모두가 동의할 것이다. 그래서 우리는 모든 학생이 동등한 수준의 기술과 지식을 갖추고 졸업하기를 바란다. 그러나 고등학교 때까지는 "할 수 있다"는 자신감을 길러주는 것이 훨씬 중요하다. 학생에게 특정한 점수를 강요하는 것은 모든 사람의 키가 178센티미터 남짓이어야 하고, 만약 그보다 크거나 작다면 형편없는 점수를 받게 된다고 하는 것과 같다. 우리는 선천적인 자질이나 성장 배경이 다른 이상 습득 속도 또한 다를 수밖에 없다는 것을 인정해야 한다. 당장은 학업에 어려움을 겪을지라도 나중에 따라잡을 수 있다고 북돋워 주어야만 학생들은 스스로를 실패자라고 생각하지 않을 것이다.

현재의 교육 환경은 학생의 성취도, 교사의 유능함, 표준화 평가라는 세 가지 요소가 맞물려 돌아간다. 당분간은 이러한 체제가 유지될 것 같다. 권력을 지닌 이들이 표준화 평가 방식에 많은 투자를 했기 때문이다. 그러나 우리는 이미 다른 여러 가능성을 목격했다. 변화는 자연스러운 흐름이다. 우리는 얼마든지 학생들의 학업 성취도를 보여주는 다른 방법을 마련할 수 있다. 이를테면 저마다에게 가장 적절한 방식으로 수행 평가를 실시하는 것은 모두에게 공평한 방식일 것이다. 하지만 공통핵심기준의 출현은 평가 기준에 일정한 틀을 부여했다. 이 문제는 추후에 자세히 다루도록 하겠다.

성취도에 가장 큰 영향을 미치는 것은 학습 동기다. 우리는 우리가 배우고 싶어 하는 것은 쉽게 배운다. 배우고자 하는 것이 흥미롭고 유용하다고 생각하기 때문이다. 하지만 필요하다고 느껴지지 않고 호기심이 생기지 않는 일에 많은 시간과 노력을 들이기란 어렵다. 학생들에게 스스로 성장하는 모습을 목격하게 하고, 그들의 사전 지식과 관심사를 교육과정과 보다 밀접하게 연결시킨다면 그들은 보다 쉽게 배울 수 있을 것이다. 학생 중심적이며 개개인에 맞춘 교육이 가장 효과적이다. 학교가 이를 충족한다면 학생들은 사회가 요구하는 능력을 함양하는 동시에 지속적으로 스스로를 평가할 수 있을 것이다.

학생들이 무엇을 알아야 하는지 모르는 것은 당연하다. 그들은 알아야 하는 것이 있다는 사실조차 모를 수도 있다. 그들은 또한 스스로 평가 방식을 찾아내려고 하지 않는다. 따라서 모든 교육과정은 어느 정도 낯설고 압박감을 줄 수밖에 없다. 학생들의 흥미와 태도를 반영하여 현실적으로 해결할 수 있는 수준의 시험을 출제하는 것이 스스로 성취도를 점검하게 하는 최선의 방법일 것이며, 장기적으로 볼 때에도 유용할 것이다.

성취기준과 교육과정을 설계하고 시험을 출제하는 현재의 교육 관계자가 이를 알고 있다고 보기는 어려울 것 같다. 성취기준의 등장 배경에는 일부 학생들만 성공하고 다른 학생들은 그렇지 못했던 교육 현실이 있다. 이에 대한 해결책으로 모든 학교에 일정한 기준을 충족해야 한다는 책임이 부과됐다. 주州 정부와 행정 기관이 앞다투어 각 과목의 성취기준을 마련했고, 교육과정은 이를 기반으로 하여 구성되었다.

성취기준을 만든 동기 자체는 타당할지 모른다. 하지만 그 효과는 사람들의 기대에 미치지 못했다. 많은 교사가 교육과정이 요구하는 것을 다 가르치지 못했고, 많은 학생이 아주 적은 기능만을 습득한 채 졸업했다. 또한 많은 학생들이 학교에서 강제로 가르치는 것에 흥미를 느끼지 못하고 중퇴했다. 교육과정은 몇 가지 기술에 지나치게 치중한 나머지 살아가는 데 정말 필요한 과목들에는 지나치게 적은 시간을 할애했다. 학생들은 과학이나 사회, 미술과 같은 과목을 충분히 이해하지 못한 채 학교를 졸업하게 된다. 그렇다고 해서 학생들이 전반적으로 언어와 수학에서 높은 성취도를 보이는 것도 아니다.

3장에서 소개했듯, 많은 교사가 현재의 교육과정과 성취기준을 충족하기 위해 독창적인 방법을 생각해내고 있다. 더불어 학생들의 참여를 이끌고 보다 효과적으로 가르칠 수 있는 새로운 방법을 고민 중이다. 마리온 바전트는 새로운 교육 방법을 도입하여 표준화 시험에서 좋은 결과를 거두었다. 엘 베라노 학교의 교사들은 크레이그 매디슨을 필두로 "학교 자체 교육과정"을 만들었다. 이는 ELL 학생들에게 영어를 가르쳐야 한다는 쉽지 않은 문제에 대처하기 위해서였다. 교장 마이테 이투리를 비롯한 교직원은 영어뿐만 아니라 전 과목에서 언어 능력을 발달시킬 수 있는 방법을 함께 고민했다. 그리고 학생과 의사소통하는 모든 순간에 집중하여 학생들의 언어 구사력을 증진하는 동시에 등한시되곤 했던 과학과 같은 과목에 적극적으로 참여하도록 하는 방법을 고안했다.

새로운 교육 방법에는 새로운 평가 방식이 필요하다. 공정하면서도 실질적으로 도움이 되는 시험은 학습을 시작하기 전 학생들의 사전 지식(이는 평가 기준만큼이나 중요하다)을 가늠하게 하고 수업을 하며 학생이 무엇을 놓쳤는지, 또 어떤 것을 습득했는지 판단하게 한다. 매 학기가 시작할 때 학생들에게 알고 있는 것과 할 수 있는 것을 편안하게 적어보라는 과제를 내주는 것도 좋은 방법이다. 그 후 학생들이 무엇을 배웠는지 알아보기 위해 비슷한 과제를 다시 내줄 수도 있다. 어떠한 경우에도 평가는 수업 내용을 바탕으로 이뤄져야 한다. 즉, 수업을 통해 무엇을 배웠는지를 평가해야 한다. 더불어 마리온 바전트가 중증 장애 학생이 보조 교사의 도움을 받게 한 것처럼 평가는 학생들의 차이를 인정하고 이에 맞추어 이루어져야 한다.

평가의 목적은 학생들이 얼마나 성취했는지 알아내는 것이어야 한다. 평가는 학생에게는 스스로의 성취도를 이해하며 발전하기 위해 무엇을 해야 하는지 파악하게 하고, 교사에게는 학생의 성장을 어떻게 유도할 수 있을지 알려주는 지표가 되어야 한다. 교사와 학생이 함께 평가 결과를 검토해야 하며 학부모 역시 이를 주의 깊게 살펴볼 필요가 있다.

그림자에 관해 공부한 크레이그의 학생들은 단답형 시험에서 좋은 성적을 거두지 못할 수도 있다. 그러나 학생들에게 자신이 관찰한 것에 대해 설명하는 기회가 주어진다면 그들은 무엇을 습득했는지 적절하게 보여줄 수 있을 것이다. 엘 베라노 학교는 호기심에 기반하여 지식을 쌓고 모든 수업에서 생각을 분명히 표현할 수 있을 정도의 언어 수준에 이른다는 두 가지의 병행 목표를 둔다. 이는 단답형 문제로는 판단할 수 없는 역량이다.

크레이그는 학생들이 과학 지식을 습득하는 동시에 언어 능력을 키울 수 있도록 모둠별로 실험을 설계한 후 그들이 발견한 것을 포스터를 만들어 발표하는 과제를 내주었다. 우리는 얼음에는 그림자가 생기지 않는다는 가설(이는 사실과 달랐으며, 실제로 한 학생이 이 가설에 대해 의문을 제기했다)을 세운 모둠이 문제를 해결하는 과정을 목격했다. 크레이그는 포스터 발표를 실험의 증거로 간주하고 학생들이 내린 결론을 성취의 척도로 보았으며, 학생들의 대화를 기록함으로써 평가 내용을 보완했다.

크레이그는 이와 같은 새로운 교육 방법과 평가 방식의 효과를 다음과 같이 밝혔다.

> 수업을 시작하기에 앞서 학생들의 수준을 파악하기 위해 토의를 진행했습니다. 예를 들어 반사광에 대해 배우기 전, 학생들을 원 모양으로 둘러앉게 하고 "빛의 반사(혹은 로켓이나 그림자, 달팽이나 가시광선, 균형 등)에 대해 무엇을 알고 있나요?"라고 물어봅니다. 이때 토의를 유도하기 위해 빛의 반사를 그린 그림을 보여줍니다. 학생들은 "아니요, 저는 그것이 물이라고 생각해요", "물에 해변가에 서 있는 사람들이 비치고 있어요" 등으로 대답합니다. 바꾸어 말하기와 증거를 제시하도록 하는 VTS 질문을 통해 이와 같은 답을 얻을 수 있습니다. 5분에서 10분 남짓 학생들의 대답을 들은 후, "우리는 빛의 반사에 대해 무엇을 더 알고 있나요?"라고 묻습니다. 학생들의 답변은 모두가 보게 될 차트에 자세하게 기록합니다. 학생들이 내용을 직접 추가하며 차트의 내용은 계속해서 변화합니다.
>
> 실험을 통해 학생들은 더욱 많은 것을 발견하고 관찰한 내용을 차트에 추가합니다. 실험은 일반적으로 12~15일간 계속됩니다. 학생들은 그들의 의견을 포스트잇에 적어 차트에 붙이거나 실험이 끝난 뒤 그들이 발견한 것을 나누는 사이언스 토크 시간에 이야기합니다. 이로써 학생들은 교사에 대한 의존으로부터 벗어날 수 있습니다. 학생들은 적당한 기회를 틈타 자신의 의견을 이야기하고 교사가 아닌 서로에게 직접 말을 건네며 자유롭고 편안하게 토의에 참여합니다. 이는 특히 소규모로 그룹 활동을 하는 데 매우 중요

한 자질입니다. 교사는 토의를 시작할 때 어떠한 의견도 배제하지 않는 관용적인 분위기를 조성해야 합니다. 대화를 할 때에는 일반적으로 손을 들어 발표하는 방식과 편안하고 자유롭게 말하는 방식이 모두 사용됩니다. 학생이 제시한 근거를 바꾸어 말해주거나 다양한 의견을 연결해주는 VTS의 주요 개념을 통해 자유로운 토의 분위기를 조성할 수 있습니다.

토의가 이어지고 관찰한 것이 많아짐에 따라 "알게 된 것"의 목록에 더해 추가적으로 발생하는 질문을 적는 차트를 만듭니다. 학생이 스스로 알고 있다고 느끼는 것에 대해 토의해야 더 많은 질문이 나옵니다. 질문은 처음에는 매우 간단하지만(밤에도 그림자를 볼 수 있나요?) 학생들이 주제에 대해 깊이 생각할수록 점차 복잡해집니다(만약 26개의 빛을 한 물건에 쏜다면 얼마나 많은 종류의 그림자를 만들 수 있나요? 그늘에서도 그림자가 생기나요? 물체에 그림자를 만드는 광원이 비칠 때, 그 물체의 같은 면에 그림자를 만들 수 있나요?). 질문의 답을 찾기 위해 모두 함께, 혹은 모둠별로 실험을 진행합니다.

교사들은 처음에 기록한 것과 나중에 기록한 것을 비교하여 평가에 참고하고, 실험이 끝나면 다양한 대답이 나올 수 있는 질문을 합니다. "우리는 반사광을 매우 자세히 관찰했습니다. 무엇을 배웠는지 함께 나눠 보아요. 반사광에 대해 알게 된 것을 단어와 그림을 활용해 말해볼까요?" 중요한 건 정답을 찾아내는 게 아닙니다. 다양한 그림과 차트, 원그래프 등을 통해 학생들이 얼마나 알고 있는지 평가하는 게 중요합니다. 학생들이 이야기하고자 하는 것을 글로 얼마나 적절하게 표현했는지 살펴보기도 합니다. 학생들은 자신이 아는 것과 함께 생각을 드러냅니다. 단계별로 학생들의 글을 수집하면 개개인의 성취 수준을 가늠할 수 있습니다.

비교적 간단한 사항에서부터 보다 세세한 내용에 이르기까지 모든 종류의 변화에 주목해야 합니다. 근거가 있거나 없는 추론, 가설, 그리고 기존 의견의 검토 등 모든 활동을 관찰할 필요가 있습니다. 학생들의 활동을 지속적으로 기록하면 결과를 수량화하지 않고도 성취도를 평가할 수 있습니다. 다행히 저희 학교가 속한 주州의 교육청은 초등학교 과학이나 영어 과목에 특별한 지침을 내리지 않아서 학생을 개별적으로 평가하는 데 집중할 수 있었습니다.

마지막 부분이 핵심일 것이다. 크레이그과 엘 베라노의 교사들은 과학 수업과 평가 모두에 크게 부담을 느끼지 않았고, 점수에 연연하지 않을 수 있어 새로운 방식을 시도할 수 있었다.

학업 성취도를 단적으로 보여주는 양적인 데이터에 익숙한 사람들은 이러한 방식을 신뢰하지 않을지도 모른다. 그러나 사실 오늘날의 표준화 평가는 비교적 최근에 나온 방식이다. 몇 년 전까지만 해도 교사는 지금보다 더 많은 권한을 부여받았다. 교사는 일괄적인 기준에 의지하지 않고도 학생들이 성장할 수 있도록 돕고, 개개인의 특성을 고려해 목표를 설정할 수 있는 존재였다.

글쓰기, 사고력을 평가하는 방식

학생들이 VTS 수업 전과 후에 쓴 두 편의 글을 분석하며 이번 장을 시작했다. 이번에는 학생의 성장을 가늠하는 척도로써 학생들이 VTS 수업을 들은 후 쓴 글을 보다 자세히 분석하고자 한다.

특히 사고력을 검증하는 데 중점을 둘 것이다. 복합적으로 사고하는 능력은 글쓰기에 중대한 영향을 미친다. 일반적으로 언어를 습득하기 위해서는 단어와 문법을 학습해야 한다고 생각한다. 하지만 여기서 소개할 많은 예시는 이와 같은 직접적인 가르침에 의한 것이 아니며, 적극적인 참여와 심도 깊은 토의의 결과에 가깝다.

하우젠은 사고력에 관해 연구하며 학생들의 글을 분석하는 방법을 고안했다. 1970년대 말에 그는 감상자가 그림을 보고 말한 내용을 세세히 코딩coding*하여 사고력의 변화를 측정할 수 있음을 밝혔다. 1983년에는 이를 바탕으로 발달 단계에 따라 학생들을 범주화하는 실증적인 평가 매뉴얼을 개발했다. 사고력의 변화를 이해하고 평가하는 첫 번째 단계는 글을 조각조각 분해하여 개별적으로 분석하는 것으로, 하우젠은 이를 파싱parsing이라 일컬었다. 더불어 분해된 것을 분류하는 두 번째 단계를 그의 동료 카린 디샌티스와 함께 코딩이라 명명했다.

다음의 글을 분석하는 것은 꽤나 간단했다. 학생이 예비 평가에서 적어낸 것은 한 문장이 전부였다. 그는 앞서 나왔던 윈즐로 호머의 〈채찍을 휘둘러라〉를 보고 다음과 같이 적었다.

나는 한 무리의 남자들이 시끄럽게 놀고 있다고 생각한다.

I think a bunch of guys rough housing** with each other.

이는 하나의 생각을 담고 있는 단순한 문장이다. 그러나 이와 같이 짧고 완성되지 않은 문장에서도 **관찰**(한 무리의 남자)과 **추론**(시끄럽게 놀고 있다)

* 코딩이란 문장을 구성하는 성분을 분해하고(parsing) 이를 분류하는 것을 의미한다. 코딩에는 오픈 코딩(open coding)과 클로즈드 코딩(closed coding)이 있는데, 오픈 코딩은 답이 정해지지 않은 연구에, 클로즈드 코딩은 확증적인 문제를 양적으로 조사할 때 사용한다. 하우젠은 학생의 사고력 변화라는 확증적인 문제를 연구 주제로 설정하였기에 클로즈드 코딩으로 학생의 글에서 사고력이 드러난 부분을 양적으로 분석했다.

** 학생이 '시끄럽게 놀다 roughhousing'의 띄어쓰기를 잘못 함

으로 구분되는 사고 유형이 나타난다. 학생은 "나는 생각한다I think"라고 단서를 달며 문장을 시작했다. 마치 "시끄럽게 놀고 있다"라는 추론은 그의 개인적인 의견일 뿐이라고 말하는 듯하다. 이는 세 번째 사고 유형인 **추측**의 전 단계다.

한 문장일 뿐이지만 그가 관찰과 추론을 할 수 있음이 밝혀졌다. 나는 그가 보다 많은 것을 찾아내고 묘사하기를 바랐다. 학생이 "나는 생각한다"라고 문장을 시작하며 의견에 단서를 다는 것은 긍정적인 현상이었다. 그러나 학생이 보다 깊이 사고했다면 "시끄럽게 놀고 있다"보다 더 자세히 표현하거나 다른 결론을 이끌어낼 수 있었을 것이다. 글이 단편적인 감상만을 담고 있는 게 아쉬웠다. 더불어 학생이 동사를 빠뜨린 것을 보고 완성된 문장을 만드는 연습을 할 필요가 있음을 인식했다.

나는 이 학생을 엄격하게 평가하지는 않으려고 한다. 위 글은 3학년을 시작할 즈음의 여덟 살 아이들이 일반적으로 써내는 글쓰기 형식이며 학교 외에 이 아이의 학습을 도와줄 사람도 별로 없었기 때문이다. 나는 그저 그의 노력을 충분히 인정해 주었다.

6개월 후 학생은 기뻐할 만한 변화를 보여주었다. 다음의 글을 통해 연구의 방향성을 설정할 수 있었다.

나는 소년들이 놀이를 하고 있다고 생각한다. 그들의 뒤와 옆에 있는 것은 그들이 살고 있는 집인 것 같다. 그리고 집 뒤에는 큰 산이 있다. 나는 이것이 오래 전의 풍경이며, 그들의 뒤에 있는 집은 헛간이라고 생각한다. 소년들은 헛간에서 나온 것처럼 보인다.

I think that boys are playing the game. Behind them and on the side there are houses where they probably live. Also behind the houses is a huge mountain. I think this is a scene long ago and that the house behind them is a barn. The boys look like they are coming in from the barn.

학생은 전보다 더 많은 것을 이야기할 수 있었다. 그는 더 오래, 더 열심히 관찰했으며 글을 통해 그가 더 깊이 생각했음을 보여주었다. 그는 특정한 논리에 따라 글을 썼다. 중심 행동이라고 판단한 것으로 글을 시작했고(학생은 '시끄럽게 놀다'가 아닌 '놀이'라는 표현을 사용하며 그림에서 일어나는 일을 보다 명확하게 묘사했다), 다음으로는 배경을 생생하게 묘사했다. 마지막으로 다시 행동으로 돌아와 소년들이 뒤에 있는 건물에서 나왔을 것이라고 이야기했다. 첫 번째 글과 달리 각각의 문장이 완성된 형태라는 것도 주목할 만한 부분이다.

교사로서 학생의 글쓰기에 나타난 변화를 이해하기 위해 나는 글을 다음과 같이 분해했다. 이는 완벽한 방법은 아니며, 다만 한데 모여 완성된 사고를 구성하는 문장과 어구를 어떻게 나눌 수 있는지 보여주고자 한다.

나는 소년들이 놀이를 하고 있다고 생각한다.
그들의 뒤와 옆에 있는 것은 그들이 살고 있는 집인 것 같다.
그리고 집 뒤에는 큰 산이 있다.
나는 이것이 오래 전의 풍경이며/
그들의 뒤에 있는 집은 헛간이라고 생각한다.
소년들은 헛간에서 나온 것처럼 보인다.

I think that boys are playing the game.
Behind them and on the side there are houses where they probably live.
Also behind the houses is a huge mountain.

I think this is a scene long ago/
and that the house behind them is a barn.
The boys look like they are coming in from the barn.

나는 하나를 제외하고 모든 문장을 개별 단위로 간주했다. 각각의 문장은 중심 생각과 함께 세부적인 정보를 포함한다. 특히 두 번째 글에서는 더 많은 관찰과 세부 사항("큰 산"), 보다 정확한 표현("뒤에"나 "옆에"와 같은 표현)을 목격할 수 있다. 학생은 예비 평가에서 단 하나의 추론을 할 뿐이었으나, 두 번째 글쓰기에서는 놀이라는 중심 행동과 소년들이 사는 곳, 시대와 헛간, 그리고 어딘가에서 나왔다는 행위 등 다섯 가지를 추론해냈다. 이는 학생이 그림으로부터 더 많은 의미를 끌어낼 수 있게 되었음을 단적으로 보여준다. 특히 네 번째 문장은 복문으로, 시간("오래 전의 풍경")과 구조("헛간이라고 생각한다")에 대한 추론을 연결한다.

글을 문장 단위로 나누어 분석하면 학생의 글에서 내가 제안한 세 가지 사고 유형인 "관찰"과 "보다 상세한 관찰", "추론"을 쉽게 확인할 수 있으며 두 편의 글을 수적數的으로도 비교할 수도 있다. 첫 번째 글은 단순한 관찰과 하나의 추론만을 포함했지만 두 번째 글은 하나의 단순한 관찰과 두 개의 상세한 관찰, 그리고 다섯 개의 추론을 포함했다. 이는 도표화할 수 있는 평가 방식이다. 나는 평가 항목에 철자와 문법을 추가했고, 학생은 두 영역에서 모두 좋은 점수를 얻었다.

학생은 두 개의 문장을 "나는 생각한다"라고 시작했으며 두 번째 문장은 "그들이 살고 있는 집인 것 같다"라고 마무리 지었다. 이로써 자신의 생각은 하나의 가능성일 뿐, 얼마든지 다르게 생각할 수도 있다는 것을 분명히 했다. 소년들이 어딘가 다른 곳에서 살 수도 있다는 가능성을 열어둔 것이다. 하우젠은 이를 **추측적 사고** 혹은 **추측**이라고 표현한다. 이는 다양한 의견을 수용할 수 있는 비판적 사고의 초석이며 과학이나 약학과 같은 까다로운 과목이나 복잡한 사회 현상도 편안하게 이해할 수 있도록 한다. 사회의 여러 문제를 다루기 위해서는 다각도로 보고 다양한 해결책을 고려해야 한다. 학생은 복합적으로 생각하기 시작했고 자신의 생각이 맞는지 확신할 수 없지만 자신 있게 다양한 선택지를 내놓게 되었다. 여덟 살이라는 나이를 고려하면 대단한 성과다.

첫 번째 글이 하나의 다소 독특한 의견을 드러낸다면 두 번째 글에서 의견은 보다 타당하며 많은 근거를 바탕으로 한다. 이것이 의미하는 바가 무엇일까? 우선 학생이 다른 수업에서도 이와 같이 미묘하게 다른 사고를 할 수 있는지 살펴봐야 할 것이다. 학생은 교실의 수족관이나 창가 정원에서 무언가 발견하고 결론을 이끌어내며, 다양한 선택지를 고려해 추측할 것이다. 이는 기초적인 자료를 바탕으로 과거를 이해하는 역사학자나 관찰을 통해 결론을 도출하면서도 계속해서 탐구를 이어가는 과학자의 자질과 크게 다르지 않다. 나는 이러한 가능성을 실현해주고 싶었다.

두 번의 글쓰기만으로도 나는 학생에 대해 많은 것을 알 수 있었다. 무엇보다도 그가 변화할 수 있다는 사실을 분명히 알게 되었다.

학생에게 크게 성장했음을 알려주기 위해 그를 개별적으로 만나는 시간을 마련했다. 우리는 함께 그림을 보았고, 두 편의 글을 나란히 두고 비교했다. 한편으로는 학생이 무엇을 관찰했으며 그것을 어떻게 글쓰기로 변환했는지를 기록했다. (지난주에 나는 캐롤 헨더슨의 4학년 학생이 스스로 이전과 현재의 시험 결과를 비교해달라고 요청했다는 이야기를 들었다. 곧 그 학생을 만나볼 예정이다.) 나는 두 글을 비교하며 학생이 두 번째 글쓰기에서 얼마나 더 많이 관찰했는지를 분명히 말해주었다. 그가 스스로 무엇을 관찰했으며 관찰한 것의 구체적인 내용이 무엇인지 분명히 인식하기를 바랐다.

학생이 아직 여덟 살이었기 때문에 추론이라는 단어를 직접적으로 사용하지는 않았으나 스스로 발견한 것을 예를 들며 자신의 언어로 다시 설명해보라고 했다. 질문을 던져 그가 스스로 추론한 것을 알고 있는지 확인했고, 그림에서 그가 추론한 부분을 가리켰으며 추론하지 않은 것에 대해서도 알려주었다.

나는 그림에 대한 그의 해석에 감탄했다고 말해주었다. 특히 자신의 이야기가 하나의 의견일 뿐이라는 사실을 인정하며, 다른 생각이 있을 수 있음을 알리기 위해 **아마도**라는 표현을 사용한 데 특히 감탄했다고 말했다. 철자를 완벽하게 쓰며 문장 끝에 정확히 온점을 표시하고, 두 개의 생각을 하나의 문장으로 분명히 표현한 것에 대해서도 칭찬해주었다.

그러나 우리는 여기서 그치지 않고 학생과 함께 그림을 더 자세히 살펴보았다. 그리고 추가적으로 관찰한 것이나 이야기하고 싶은 것이 있는지, 만약 있다면 이전에 말한 내용을 바꾸고 싶은지를 물었다. 이러한 구체적인 과정을 통해 학생에게 글을 보충하고 편집하며 수정하는 방법을 알려주었다. 이는 글을 잘 쓰기 위해 반드시 배워야 하는 개념이다.

활동은 시작할 때와 같이 학생이 훌륭하게 활동해준 것에 대해 고마움을 표하며 마무리되었다. 만약 학생이 조금 더 나이가 많았다면 앞으로 계속해서 발전하기 위해 무엇을 하고 싶은지에 대해 물었을 것이다. 하지만 어린 학생에게는 그의 능력에 감탄했다는 사실을 알리는 것만으로 충분하다.

한 학기 동안 나는 학생들을 개별적으로 여러 차례 만나 토의한 내용에 대해 써보라고 요청했다. 덕분에 학생들의 글을 여러 편 수집해 분석할 수 있었다.

내가 다음 글을 선택한 이유는 학생이 반 친구들과 그림에 대해 토의한 후 이전과 다른 방식으로 글을 써냈기 때문이다. 우리는 사전과 사후 두 편의 글을 비교하며 학생이 글을 쓰는 방식이 어떻게 달라졌는지를 살펴보았다. 이를 통해 VTS 질문과 친구들의 조언을 직접적으로 듣지 못하거나 별도로 준비를 할 수 없는 상황에서도 글을 쓰는 능력이 크게 발전했음을 발견했다. 다음은 학생이 그림 4.2[9]에 관해 토의한 후 몇 달이 지나 쓴 것이다.

> 나는 이 그림 뒷부분에서 볼 수 있는 것처럼 다른 사람들이 나무를 베어내는 동안 돼지치기가 돼지들을 먹이고 있다고 생각한다. 또한 나는 이 사람들이 영주를 위해 일하고 있다고 생각한다. 왜냐하면 뒤쪽에서 성을 볼 수 있기 때문이다. 또한 돼지치기 옆에서 개를 볼 수 있는데 아마도 이 개는 돼지들이 멀리 나가지 않도록 돼지치기를 돕고 있을 것이다.
>
> I think that in this picture a pig keeper is letting his pigs eat while other people cut down tree as you can see them doing that in the back of the picture. Also I think that they are working for a landlord because you can see a castle in the back. You can also see a dog which is next to the pig keeper and this dog probably helps him keep the pigs from staying away.

학생은 이 독특한 그림을 날카롭고 세밀하게 관찰했고, 두 가지 이야기를 포함하는 복문을 자연스럽게 구사했다.

학생은 새로운 사고 유형을 보여주었다. 추론을 뒷받침하기 위해 근거를 제시한 것이다. 그는 성을 보고 그림 속 사람들이 누군가를 위해 일하는 것이라 생각했다고 밝혔다.

그는 그의 "추측의 틀"을 활용해 사고했다. 이는 다음을 인정하는 사고 행위다. "나는 이런 일이 일어나고 있다고 생각해요. 하지만 이것이 정답은 아니고, 충분히 다른 가능성이 있을 수 있어요." 이는 미온적인 입장이 아니며, 다만 **열려 있는** 것이다. 나는 더 많은 공개 토론에서 이러한 태도

그림 4.2

가 드러나기를 바란다. TV 프로그램 속 전문가들이 그들의 입장을 확신하기보다 하나의 가능성으로 언급하고, 거들먹거리며 말하는 대신 서로의 이야기를 듣고 근거를 들어 자신의 입장을 뒷받침한다면 대화는 훨씬 생산적일 것이다. 이 학생이 이미 하고 있는 것처럼 말이다.

우리는 이전에 했던 것처럼 글과 그림을 번갈아 보며 함께 글을 검토했다. 그럼으로써 학생이 무엇을 썼는지 살펴보게 하고 원하는 대로 더하거나 바꾸게 했다.

다음으로는 복합적인 관찰을 통해 결론을 이끌어내는 이러한 기술이 폭풍 전선의 위성 사진에 관해 쓰는 것과 같은 과학 글쓰기에도 적용될 수 있는지 살펴보았다.

문법과 관련해서는 몇 개의 예시를 들어 복문의 개념을 소개했다. 더불어 문장의 이해를 돕는 마침표나 쉼표의 기능에 대해 생각해보게 했다. 끝에서 두 번째 문장의 "which"에 대해 묻기도 했다. "which"와 "that"의 차이점을 알아보기 위해 영어 교과서를 활용할 수도 있을 것이다.

이와 같은 새로운 교육 방법에 대해 당신은 어떻게 생각하는가? 학생들이 이러한 과정을 통해 무언가를 배울 수 있을까? 교사는 평가하는 사람이 아닌 도움을 주는 사람이 될 수 있을까? 이는 의미 있는 행위일까?

교사들이 과연 이를 실행할 수 있을지 또한 고민해볼 문제다. 글을 모으고 보관하고 분석하는 모든 과정에는 많은 시간이 소요되는데, 교사가 이만한 시간을 낼 수 있을까? (우선 도움이 필요한 학생들에게 한정해 시도한 후 이를 광범위하게 적용할 수도 있을 것이다.) 동료 교사들은 이러한 과정에 흥미를 느낄까? 학부모들은 어떠할까? 관리자들은 이런 노력을 이해하고 지지해줄까? 공통핵심기준을 충족시키는 것과 관련하여 이러한 문제를 다뤄보도록 하겠다.

나는 많은 교사와 함께 VTS의 접근 방식에 대해 이야기해왔다. 대부분 긍정적으로 반응했으나 누구도 제대로 시도하지 않았기에 이는 여전히 검증되지 않은 가설로 남아 있다. (캐롤의 4학년 학생이 자신의 실력을 점검하고 싶어 한다는 이야기를 들은 후, 캐롤과 이에 대해 보다 자세히 살펴보기로 협의하긴 했다.) 이 시점에서 릭 스티긴스와 그의 평가 훈련 기관이 주도하는 활동에 주목할 필요가 있다. 그들은 "학습의 평가"를 "학습을 위한 평가"[10]로 전환하고자 한다. 그들은 평가 자체보다는 평가의 의도에 주목한다. 평가의 진정한 목적은 모든 학생을 학습 과정에 참여시킴으로써 학습 내용을 전반적으로 돌아보게 하고, 스스로의 성취를 가늠하여 평가 자체를 통해 무언가를 배우는 데 있을 것이다. 보다 새롭고 유연한 방식으로 성취도를 평가하고 싶다면 이 3학년 학생이 거주하는 플로리다주의 글쓰기 성취기준을 살펴볼 수도 있다. 플로리다주는 3학년에게는 별도의 기준을 설정하지 않지만 4학년에게는 특정한 성취기준을 요구한다. 4학년 학생들은 글쓰기에서 최고점(6점)을 받기 위해 아래의 조건을 충족해야 한다.

> 주제가 뚜렷해야 하고 도입, 본문, 결론, 연결하는 표현 등을 논리적으로 구성해야 하며 주장을 뒷받침할 근거를 충분히 제시해야 한다. 글은 완성도를 갖추어야 한다. 적절한 단어를 선택하여 각자의 언어 구사 능력을 보여주어야 한다. 주어와 동사가 호응해야 하며 대부분의 단어를 정확하게 적어내야 한다. 의도적으로 해체하는 경우를 제외하고 문장은 언제나 종결되어야 한다. 다양한 문장 구조를 사용해야 한다.[11]

앞서 3학년 학생이 쓴 두, 세 번째 글은 플로리다주가 4학년 학생에게 요구하는 가장 높은 수준의 글쓰기 성취기준을 충분히 충족한다. 학생은 매우 쉽고 자연스럽게 글을 썼지만 주 교육청이 제시하는 목표에 부합할 만큼 논리적이고 일관성 있으며 유려하다. 무엇보다 이는 수정을 거치거나 다시 써서 낸 "과제"가 아니라 학생의 능력을 즉석에서 확인할 수 있는 스냅숏에 가깝다.

VTS를 통해 공통핵심기준이 설정하는 수업 목표를 달성할 수 있다. 공통핵심기준은 국어, 사회, 과학 그리고 미술에 두루 적용된다. 물론 미술도 이를 충족할 수 있으리라 생각하는 사람은 거의 없겠지만 말이다. 미술과 관련된 현재의 교육은 여러 문제를 지닌다. 대부분의 성취기준이 미술작품을 만드는 것에만 집중하며 미술작품의 감상에는 관심을 기울이지 않는다. 더불어 학교 안에 미술 전문가가 턱없이 부족하고 수업 시간과 공간이 충분하지 않으며 물품 또한 제대로 준비되어 있지 않다. 학급의 담임이라고 해서 부족한 점을 모두 메울 수 있는 것은 아니다. 지금의 미술 성취기준은 예술 그 자체에 집중하기보다 학술적인 데 치중한다는 문제가 있는 것 같다. 이를테면 미술 수업에서는 주로 색상표를 외울 것을 요구하지만 사실 직접 창작해보는 것이 더 도움이 될 것이다.

VTS 수업으로 무엇을 성취할 수 있는지 알아보기 위해 CCSI 가이드라인에서 초등학생에게 요구하는 세 가지의 "대학 및 진로 준비를 위한 말하기와 듣기 성취기준"을 살펴보도록 하겠다.

이해와 협력

적절한 태도로 다양한 사람들과 대화하고 협력할 수 있고 적극적으로 참여하며 다른 사람의 의견을 기반으로 자신의 주장을 명료하고 설득력 있게 전달한다.

여러 종류의 매체에서 시각적으로, 계량적으로, 혹은 구두로 전달하는 다양한 형태의 정보를 통합하고 평가한다.

화자의 관점이나 추론 방식을 점검하고 그가 구사하는 수사법과 제시하는 근거를 평가한다.

VTS 수업을 통해 이러한 성취기준을 충족할 수 있을까? 첫 번째 기준은 거의 VTS 토의를 묘사하고 있으며, 학생들은 VTS 수업에 몇 차례만 참여해도 다양한 시각 매체를 해독하는 능력을 기를 수 있다. VTS는 다양한 수업에 적용되어 학생들이 시나 수학의 문장형 문제, 과학적 현상, 심지어 개헌 헌법을 이해할 수 있도록 돕는다. 뿐만 아니라 학생들은 토의를 하며 자연스럽게 추론하고 뚜렷한 근거를 바탕으로 자신의 관점을 명확하게 표현하는 연습을 하게 된다. VTS는 확실히 국어에서부터 사회, 과학 등의 다양한 필수 과목에 걸쳐 읽기와 쓰기, 말하기에 필수적인 기반을 제공한다.

교사는 토의 후 학생들에게 이미지에 관해 글을 쓰라고 할 때 다음과 같이 지시하면 된다. "무슨 일이 일어나고 있다고 생각하는지 쓰세요. 무엇을 보고 그렇게 생각했는지에 대해서도 써야 합니다." 이는 어떤 주제로 어떻게 쓸지 고민해야 하는 다른 글쓰기보다 훨씬 쉽고 간단하다. 이전에 살펴본 학생의 글은 공통핵심기준에 부합한다. "적절한 기술을 사용하라"는 식의 부적절한 요구를 하지 않았는데도 말이다.

샘플을 다시 한번 보도록 하겠다.

> 나는 이 그림 뒷부분에서 볼 수 있는 것처럼 다른 사람들이 나무를 베어내는 동안 돼지치기가 돼지들을 먹이고 있다고 생각한다. 또한 나는 이 사람들이 영주를 위해 일하고 있다고 생각한다. 왜냐하면 뒤쪽에서 성을 볼 수 있기 때문이다. 또한 돼지치기 옆에서 개를 볼 수 있는데 아마도 이 개는 돼지들이 멀리 나가지 않도록 돼지치기를 돕고 있을 것이다.

과제가 "의견을 적어내는 것"이 아니라 그림 속에서 어떤 일이 일어나고 있는지 묘사하는 것이었다는 점에 유념해야 한다. 그럼에도 학생은 타당한 "주제 문장"을 만들고 "관점"을 드러냈으며, "근거를 제시"했고 "주제를 확장했다". 연결어를 사용하지는 않았으나 논리적 흐름에 따라 일관성 있게 글을 전개했다.

다음은 3학년에게 해당되는 공통핵심기준이다.[12]

3학년 학생은 할 수 있다:

자신의 관점을 뒷받침하는 근거를 제시하여 특정한 주제나 글에 대한 의견을 쓸 수 있다.

a. 그들이 어떤 주제와 글에 대해 쓰고 있는지 설명하고 의견을 밝히며 근거를 설득력 있게 제시한다.
b. 의견을 뒷받침하는 근거를 든다.
c. 의견과 근거를 연결하기 위해 연결어구(왜냐하면, 그러므로, ~하기 때문에, 예를 들어 등)를 사용한다.
d. 한 문장이나 단락으로 결론을 정리한다.

논설문이나 설명문을 써 주제의 타당성을 검증하고 의견이나 정보를 분명히 전달할 수 있다.

a. 주제와 관련된 정보를 함께 소개한다. 때로는 이해를 돕기 위해 적절한 도판을 삽입한다.
b. 사실과 정의, 부연 설명을 통해 주제를 발전시킨다.
c. 의견과 정보를 연결하기 위해 연결어구(왜냐하면, 그러므로, ~하기 때문에, 예를 들어 등)를 사용한다.
d. 한 문장이나 단락으로 결론을 정리한다.

공통핵심기준은 학생들이 기대 수준에 도달하도록 돕는 어른의 역할에 대해서도 다음과 같이 덧붙인다. 마치 앞서 제시한 평가를 시행하라고 압박하는 듯하다.

어른의 안내와 도움을 받아 과제의 목적에 맞는 전개와 짜임을 갖춘 글을 쓴다.

필요한 경우 친구들과 어른의 도움을 받아 계획, 수정, 편집하며 글쓰기를 발전시킨다.

공통핵심기준에 따르면 학생들이 "글쓰기를 발전시키"도록 "안내와 도움"을 제공해야 하는 어른으로서, 우리는 학생들에게 결론을 내도록 요구해야 한다. 하지만 앞서 언급한 글쓰기에서 나는 학생에게 굳이 이를 강요하지는 않았다. 그럼에도 충분히 공통핵심기준을 충족할 수 있었다.

공통핵심기준은 이미지에 관한 글쓰기가 아닌 전형적인 국어 글쓰기 과제를 염두에 두고 작성되었을 것이다. 그러나 VTS를 통한 글쓰기 활동은 3학년 학생이 도달해야 하는 목표에 근접하거나 이미 도달해 있다.

요약

학생이 정말로 배워야 하는 것

우리는 10시간의 이미지 토의를 통해 학생들이 현재의 교육과정이 추구하는 공통핵심기준에 도달할 수 있다는 사실을 발견했다. 마리온 바전트가 가르치는 학생들의 시험 점수와 플로리다주의 평가 가이드라인을 통해 토의에 기반한 수업이 전통적인 평가 방식에서 높은 점수를 획득하는 데에도 도움이 된다는 사실을 알 수 있다. 아직은 활동 자체를 평가하는 시험이 마련되지 않았지만 우리는 공통핵심기준에 도달하기 위한 중요한 진전을 목격할 수 있었다.

학생들이 VTS 토의 후 쓴 글을 동료나 관리자에게 보여줄 때에는, 이것이 그림에 관해 쓴 것이며 이로 인해 촉발되는 행동이 다양한 기준을 충족할 수 있음을 설명해야 할 것이다. 이 3학년 학생은 매일 90분씩 언어 수업에도 참여했기 때문에 언어 능력의 향상은 VTS 수업으로만 비롯된 것이라고는 할 수 없다. 하지만 세 편의 글은 토의 후 학생의 글쓰기 능력이 얼마나 향상했는지를 보여준다. 심지어 토의가 끝나고 몇 달이 지난 뒤에도 학생은 무리 없이 글을 써냈다. 만약 모든 교과목에서 토의가 더 많이 진행된다면 어떨까? 마리온의 수학 수업과 크레이그의 그림자 수업에서 볼 수 있듯 토의는 매우 효과적이며 쉽게 활용할 수 있는 방법이다. 적절한 방식으로 질문하기만 한다면 말이다.

나는 표준화 평가 및 공통핵심기준 등 통일된 지표에 익숙한 전국의 학교에 VTS를 정당화하기 위해 애써왔다. 결국 관건은 "학생의 성취"에 달려 있을 것이다. 다음의 예시는 트레이시 매클루어의 6학년 학생이 VTS 경험을 묘사한 것으로, 생각할 만한 여지를 남긴다.

> 최근에 전시회에 가서 눈을 사로잡는 작가들의 작품을 보며 VTS 수업에서 했던 질문들을 떠올렸어요. 시나 그림을 살펴본 후 더 찾을 수 있는 것이 있는지, 혹은 무엇을 보고 그렇게 말하게 되었는지 묻는 것 말이에요. 이런 질문은 많은 사람들이 미술작품을 이해하도록 도와줄 거예요. 질문은 형상과 형상, 색과 색 사이를 구석구석 살펴보게 하여 작품을 "완전하게" 해줘요. 스스로에게 이와 같이 물어보면 미술작품을 깊게 이해할 수 있을 거예요!

당신이 행간을 읽었기를 바란다. 교사와 수업의 효율성을 측정하려 하는 현재의 평가는 편협한 것일 수 있다. 우리는 크레이그의 학생들이 이

성적으로 사고하고 풍부하게 상상하며, 트레이시의 학생들이 "문학을 탐독하는" 법을 배우는 것을 보았다. 이에 반해 기존의 평가 방식은 학생의 가능성을 제한한다. 우리는 여러 사회 문제의 대안이 될 수 있는 학생들의 역량을 놓치고 있는 것일지 모른다. 미술과 과학 현상, 혹은 인간 행위 등 다양한 영역에 숨은 의미를 찾고자 하는 6학년 학생들은 적절한 단어를 고르고 철자를 고치는 데 급급하기보다 자신만의 방식으로 생각을 표현하려 할 것이다.

5장

VTS로 언어를 배울 수 있을까

앞서 언급했듯 나의 손녀 윌라는 아장아장 걷던 시절부터 늘 내 연구의 대상이 되어주었다. 밖으로 나가면 윌라는 언제나 고개를 땅바닥에 파묻거나 하늘로 치켜들곤 했다. 그 또래의 아이들이 흔히 그렇듯 윌라는 호기심이 많고 관찰력이 뛰어났다. 눈에 보이는 수많은 사소한 것에 흥미를 느꼈으며 나보다 훨씬 더 많은 것을 발견했다. 나는 윌라의 아빠, 그러니까 나의 아들이 어렸을 때와는 달리 인내심을 가지고 윌라의 호기심에 최대한 응해주려 한다. 자연스럽게 윌라가 무엇에 관심을 가지는지 알아낼 수 있었고, 아이가 흥미를 느끼는 대상의 이름을 먼저 익힌다는 사실을 알게 되었다.

세, 네 살 무렵 윌라는 산책할 때마다 길가의 다양한 것에 관심을 보였다. 막대기, 곤충, 애벌레, 도마뱀, 꽃, 향기, 돌멩이 등 익숙하지 않은 모든 것이 관찰의 대상이었다. 동물원이나 자연사 박물관에서도 윌라의 관심을 사로잡은 것은 진열장 안의 전시물이나 우리 안의 동물이 아니라 커브에서 균형을 잡거나 경사로에서 위아래로 달리거나 분수에서 노는 것과 같은 아주 사소한 행위였다. 물론 윌라는 책이나 퍼즐에서 봤던 것을 기억해 코끼리와 기린의 이름을 말하기도 했다. 윌라는 나중에 스티커북에서 스티커를 이리저리 맞춰보며 코끼리와 기린이 어떤 모양인지 쉽게 기억해냈다. 여섯 살이 된 지금도 윌라는 어른들이 생각하는 것만큼 거창하지 않지만 소소하면서도 다양한 경험을 하기 위해 동물원이나 자연사 박물관을 찾는다.

윌라가 세 살이었을 때 나에게 **악어**를 어떻게 쓰냐고 물어봤던 적이 있다. 윌라는 이전에 동물원에서 살아 있는 악어와 악어 그림을 보았고 목욕할 때에는 악어 장난감을 가지고 놀았다. 더불어 악어를 비롯하여 수많은 동물에 관한 이야기와 시를 들었다. 윌라는 지금도 갑자기 관심이 생긴 동물의 그림을 그려달라고 부탁하곤 하는데, 우리는 잘하지 못하더라도 성심성의껏 그려준다. 이를테면 윌라는 소를 그려달라고 한 적도 있다. 나는 개인적으로 소보다는 악어를 더 잘 그리지만 말이다. 윌라는 "악어야, 나중에 보자"라는 말을 매우 재미있어 했다. 당시 윌라는 글을 읽을 수 없었고 스스로도 자신이 글을 읽기엔 너무 어리다고 생각했지만 사실 몇 달 전부터 자신의 이름과 몇몇 단어는 쓸 수 있었다. 그러다 어느 날 갑자기 **악어**를 어떻게 쓰는지 알고 싶어한 것이다.

이제 관련성을 찾아보자. 아이는 자신의 주변 환경이나 여러 종류의 그림에서 어떤 대상(악어라고 불리는 것)을 본다. 시간이 지나며 아이는 대상을 특정한 소리와 연결하고, 대상은 이름(악어)을 부여받는다. 이후 아이는 대화나 노래 속에서 그 이름(악어)을 듣는다. 아이는 책을 보면서 철자가 묶여 특정한 단어가 된다는 개념을 이해하고, 관심이 있는 대상을 직접 쓰고 싶어 하게 된다.

여기서 두 가지 사항에 유념할 필요가 있다. 첫 번째로 윌라는 다른 아이들과 같이 인간의 보고 듣는 능력을 이용하여 주변 환경을 관찰하고 자신이 인식하는 세상과 상호 작용했다. 두 번째로 부모와 교사는 윌라가 주체적으로 발견한 것을 잘 정리할 수 있도록 도움을 제공했다. 아이가 흥미를 느끼는 것이 무엇인지 확인하고 그에 관한 이야기를 들려주거나 함께 책을 읽는 등 다양한 방식을 활용했다.

이러한 과정은 VTS 수업 중에도 일어난다. 학생들은 작품을 꼼꼼히 살펴보며 자신이 무엇에 흥미를 느끼는지 인식하고, 간단한 것에서부터 복잡한 것에 이르기까지 자신이 관찰한 모든 것을 표현하기 위해 적절한 단어를 찾는다. 이를테면 작품의 의미와 배경, 등장인물의 감정이나 몸짓과 표정, 인물 간의 상호 작용, 색깔과 같은 것에 관해 말이다. 그들은 미묘한 차이를 설명하기 위해 평소에는 거의 사용하지 않는 단어를 찾아낸다. 생각이 복잡해질수록 더욱 복합적인 어휘와 문장으로 표현하게 된다.

물론 학생들은 자신의 생각을 분명히 표현하기 위해 여전히 도움을 필요로 한다. 하지만 관찰하고 생각했다는 것만으로도 이미 충분한 성과다. 그들은 특정한 주제에 관해 친구들과 이야기를 나누며 자신의 생각을 분명하게 표현할 수 있는 단어와 방법을 찾아간다. 이와 같은 또래 상호 작용은 학습에 긍정적인 영향을 미친다. 교사 또한 학생들의 의견을 바꾸어 말하며 학습 내용을 발전시킨다. 교사는 필요한 어휘를 추가하거나 정확한 어휘 사용의 예시를 보여주고 학생의 산발적인 생각을 논리정연하게 정리하는 등의 노력을 기울인다.

4장에서 VTS가 촉진하는 사고 유형이 글쓰기에 어떻게 영향을 미치는지 살펴본 후 글쓰기로 사고력을 평가하는 방법을 소개했다. 새로운 성취기준뿐만 아니라 현재의 성취기준을 충족하기 위해 아이들이 어떤 식으로 글쓰기를 해야 하는지 살펴보고자 했다. 이번 장에서는 VTS 토의가 언어에 영향을 미친다는 사실을 입증하는 몇 가지 이론을 제시하며 VTS가 어떻게 언어 발달에 기여하는지에 대해 이야기하고자 한다.

아이들은 언어를 어떻게 배우는가

나는 언어 발달에 관한 전문가는 아니지만 이에 대해 많이 고민해왔고 수많은 글을 읽었다. 언어 발달은 복잡하지만 흥미로운 주제이며 특히 어린이와 관련된 직종을 가진 사람이라면 누구나 관심을 가질 필요가 있다. 아이들은 초등 교육과정 내내 언어 능력을 발달시키기 때문이다. 몇몇 학술 이론은 언어 발달과 관련된 인지 작용을 이해하는 데 특히 도움이 되었다. 내가 여러 연구와 이론을 살펴본 것은 상당 부분 개인적인 관찰에 기초하여 내린 결론을 확고히 하거나 바로잡기 위해서였다. 물론 이런 식으로 단순화하고 일반화하는 것은 적절하지 않으며, 학문적으로 인정받기 힘들 수도 있다. 그러나 비록 최선의 방식은 아닐지라도 나는 VTS 토의가 언어 발달에 미치는 효과를 설명하는 데 도움이 될 만한 여러 연구를 참고하며 나만의 방식으로 논의를 전개하고자 한다.

앞서 여러 번 언급했듯 나는 루돌프 아른하임의 연구에서 많은 통찰을 얻었다. 아른하임에 따르면 인간의 뇌는 보는 행위가 언어를 형성하는 과정으로 이어지도록 연결되어 있다. 우리의 뇌는 본 것을 본능적으로 분류한다. 쉽게 말해 인간이 지각한 것은 자동으로 뇌의 특정 부분으로 보내지고, 뇌는 보고 들은 것을 이해하기 위해 기능을 실행한다. 인간으로 태어난 이상 우리가 지각하고 분류한 것은 무의식적으로 언어 중추로 옮겨진다. 이러한 과정을 통해 우리는 본 것을 언젠가 들었던 단어와 연결시킨다. 우리가 **언어 능력**이라고 부르는 것은 주변 환경의 자극을 받아 이와 같은 과정을 거치며 점진적으로 발달한다. 따라서 언어 발달에 필요한 두 가지 요소가 많아질수록, 즉 많이 보고 많이 들을수록 인간의 언어 능력은 발달한다.

어린아이에게 말하는 것을 가르치는 가장 자연스러운 방법은 아이들이 보고 행동하는 것에 관해 이야기해주는 것이다. 이를테면 다음과 같이 말이다. "여기 시금치가 있네! 이 시금치는 초록색이고 따뜻하고 맛있어! 시금치를 먹고 밖으로 나가서 또 무엇을 볼 수 있는지 찾아보자. 어, 저기 개미가 있네." 아이가 유아기에 얼마나 많은 말을 들으며 자랐는지 추적한 연구는 이러한 행위의 중요성을 입증한다. 어휘가 풍부한 환경에서 성장한 아이들은 실제로 학교에 더 잘 적응했다.[1]

발달론자인 레프 비고츠키는 언어의 형성과 발달에 초점을 맞추었다. 그 역시 언어의 형성과 발달을 아이가 보고 행동하는 것을 주변의 화자와 상호 작용하며 결합하는 과정으로 이해했다. 비고츠키는 저서 『마인드 인 소사이어티*Mind in Society*』[2]에서 "아이는 자신의 눈뿐만 아니라 자신의 말을 통해서도 세상을 지각한다"라고 하며 시각과 언어의 공생 관계에 대해 언급했다. 더 나아가 그는 아이들이 도전 과제를 성취해나가는 과정을 관찰하며 그들이 얼마나 자주 자신만의 방식으로 대화를 나누는지 살펴보았다. 더불어 4장에서 언급했듯 아이들이 어른들의 도움을 받을 뿐만 아니라 "보다 우수한 능력을 지닌 또래와의 협업"[3]을 통해 문제를 해결할 수 있음에 주목했다. 기본적으로 동등한 수준에 있지만 조금 더 지식이 풍부한, 보다 우수한 능력을 지닌 또래로부터 도움을 받는 것은 문제 해결의 또 다른 방법이 될 수 있다.

이와 관련된 일화가 있다. 18개월이었던 윌라를 처음으로 그네에 앉혔을 때의 일이다. 윌라는 내가 손을 잡고 줄을 앞뒤로 밀어줄 때에는 그네를 잘 탔지만 내 손을 놓고 직접 줄을 잡게 하면 더 이상 타려고 하지 않았다. 윌라는 내 손을 놓지도 줄을 잡으려 하지도 않았다. 하지만 비슷한 또래의 남자아이가 스스로 줄을 붙잡고 있는 것을 힐끗 보고 나서는 즉시 스스로 줄을 잡고 그네를 타기 시작했다. 윌라는 남자아이의 행동을 보고 혼자서 줄을 잡고 그네를 탈 수 있으며 그렇게 하는 것이 안전하다는 사실을 배운 것이다. 남자아이는 윌라에게 있어 "보다 우수한 능력을 지닌 또래"였다. 할아버지인 나로서는 해줄 수 없는 것이었다.

비고츠키는 언어뿐만 아니라 사고에 대해서도 자세히 기술했다. 지각과 단어는 모두 사고를 구성하는 필수 요소지만 단독으로는 사고를 구성할 수 없다는 것이 그의 주장이다. 지각과 단어가 의미를 형성하며 결합하는 과정에서 비로소 사고가 생성된다. 이와 같은 간단한 진술만으로는 비고츠키의 이론을 제대로 전달할 수 없기에 직접 비고츠키의 책을 읽어보기를 권한다. 소그룹으로 모여 함께 책을 읽고 흥미롭거나 이해하기 어려운 부분을 슬라이드로 만들어 VTS 방법으로 이야기하면 비고츠키의 개념을 잘 이해할 수 있을 것이다.

비고츠키의 이론 덕분에 VTS의 효과를 보다 명확하게 파악할 수 있었다. 복잡한 이미지에 관해 이야기하는 VTS 경험은 글쓰기에까지 영향을 미친다. 시각적인 자극을 통해 학생들의 흥미를 유발하고 글쓰기 능력을 향상시킬 수 있다. 4장에서 살펴봤듯, VTS 토의가 글쓰기에 실질적으로 영향을 미친다는 사실은 학생들이 쓴 글을 통해 이미 입증되었다.

VTS의 이러한 효과를 어떻게 설명할 수 있을까? 첫째로, 이미 언급했듯 인간의 시각과 사고는 강력하게 연결되어 있다. VTS의 **시각적**visual이라는 단어가 모든 것을 함축한다. 본다는 것은 인간의 가장 기본적이면서도 유용한 자산이기 때문에 시각적인 대상이 있으면 보다 쉽게 글을 쓸 수 있다.

둘째, 미술작품에는 인간의 흥미를 유발하는 독특한 특성이 있다. 이는 미술작품의 그 자체의 속성으로, 우리는 단순한 이미지에서조차 뜻밖의 의미를 발견하고 그것을 해석하고자 하는 욕구를 지니게 된다.

셋째, VTS의 세 가지 질문은 (어린이뿐만 아니라 성인의) 발달 단계에 따른 작품 감상에 관한 데이터로부터 도출한 것이다. 이 세 가지 질문은 학생들이 이미 하고 있거나 곧 하게 될 행동을 보다 잘 할 수 있도록 돕는다. 즉, VTS에서 사용하는 질문은 비고츠키가 "근접발달영역zone of proximal development"[4]이라 명명한 것에 속하는, 발달을 돕는 적절한 방식이다.

넷째, VTS는 감상 기술은 비슷하지만 서로 다른 관점과 경험을 지닌 또래와의 협업을 적극적으로 활용한다. 또래가 사용하는 언어는 쉽고 친숙하나, 아이들은 때로 어른이 모르는 단어를 알고 있기도 하며 어른과는 다른 방식으로 보고 생각한다. 이를 통해 아이들은 새로운 어휘와 견해를 보다 직관적으로 받아들일 수 있다.

다섯째, 조금씩 수준을 높여가며 바꾸어 말해주는 것은 효과적인 교육 방법이다. 이로써 교사는 학생들의 이야기를 모두 듣고 있다는 사실을 보여줄 수 있고, 결과적으로 학생들은 스스로 자신의 이야기가 가치 있다고 느끼며 마음속 이야기를 하게 된다. 교사는 이러한 과정을 통해 아이들의 사고를 언어로 변환하는 역할을 수행한다.

여섯째, VTS는 이미지로부터 다양한 의미를 도출하는 데 초점을 맞춘다. 비고츠키에 따르면 이는 곧 사고를 창조하는 활동이다. 지각과 단어를 연결해 의미를 형성하는 과정에서 사고는 언어로 구현된다. 비고츠키의 글을 읽으면 그가 실제로 미술작품의 효과에 주목했음을 알 수 있다. 미술작품을 관찰한 후 이에 대해 이야기하며 의미를 형성하고 궁극적으로는 사고력과 언어 능력을 발전시키는 과정은 비고츠키의 연구와 일맥상통한다.

우리는 교사들에게 도움을 청하고 미국 교육 기금의 지원을 받아 마이애미주에서 3년간 연구를 실행하며 수백 개의 글쓰기 샘플을 수집할 수 있었다.[5] VTS 수업을 들은 학생들은 그렇지 않은 통제 집단의 학생들과 비교할 때 눈에 띄는 성과를 보여주었다. VTS 수업에 참여한 학생들은 읽기와 수학 영역의 평가에서 기대한 것보다 높은 점수를 얻었으며 ELL 학생들의 경우 차이가 더욱 두드러졌다. 쓰기 영역에서의 변화는 이미 4장에서 다루었는데, 이때 예시로 든 학생들의 글은 마이애미주의 연구에서 나온 것이다.

토의가 언어에 영향을 미친다는 가설은 큰 설득력을 지닌다. 하지만 대부분의 부모가 일을 하느라 바쁘기 때문에 가정에서의 대화에는 한계가 있고, 학교 교육에서도 토의가 차지하는 비중은 극히 적다. 이야기하는 기회를 충분히 가지지 못한 아이들에게 원하는 바를 제대로 쓸 것이라 기대할 수는 없다. 우리는 말로 표현할 수 있는 것은 쓸 수 있으나, 반대로 말할 수 없는 것은 쓰기 어렵기 때문이다. 이는 성인보다 아이에게 더욱 명백히 나타나는 경향이나, 성인의 경우에도 의사소통이 중요한 건 매한가지다. 많은 성인이 글쓰기를 어려워한다. 이는 아마 평소에 머릿속을 스치는 생각을 충분히 말로 표현하지 않기 때문인 것 같다.

VTS가 학생의 언어 능력에 미치는 영향

영어를 가르치는 교사들 중 일부는 VTS의 진가를 제대로 인식하고 선구자가 되길 자처했다. 교사는 말하기와 쓰기를 모두 가르쳐야 하지만, 기존의 교육 방법은 말하기보다는 쓰기에 치중한 것이 사실이다. 반면 VTS는 자연스럽게 학생들이 자신의 생각을 분명히 표현할 수 있도록 돕는다. 교직을 시작한 지 얼마 되지 않은 한 교사는 학생들과 함께 VTS를 활용하며 희열을 느꼈다고 고백했다.

마이클 볼리어는 매사추세츠주의 보스턴 공립 고등학교에서 4년간 전 학년을 대상으로 영어를 가르친 후 신입생을 담당하기로 결심했다. 그들은 다양한 지역에서 초, 중등 과정을 마치고 고등학교에 입학해 세 번째 학교 생활을 앞두고 있었다. 신입생들이 사회와 관계 맺고 정체성을 형성해나가는 과정을 지켜보는 것은 흥미로운 일이었다. 더불어 마이클 스스로 고등학생이었을 때 가장 좋아하는 과목이었기에 영어를 가르치고 싶다는 생각을 가지게 되었다.

마이클은 대학교에 진학하거나 진로를 찾는 등 졸업 이후의 삶을 성공적으로 꾸릴 수 있는 기술을 가르치는 것을 교육의 기본 목표로 정했다. 그는 학생들이 어떠한 직업을 선택하든 효과적으로 의사소통할 수 있기를 바랐다. 이러한 바람을 품고 그는 2012년 가을, 에드워드 M. 케네디 의료 아카데미 학생들에게 VTS를 소개했다.

마이클은 VTS 이미지 토의가 자신이 설정한 목표와 영어의 성취기준을 모두 충족한다는 사실을 발견했다. 그는 수업 초반에 나타나는 VTS의 효과와 함께 그가 생각하는 VTS의 매력을 다음과 같이 설명했다.

> VTS를 통해 키울 수 있는 사고 기술은 영어를 가르치는 교사가 학생들에게 바라는 점과 동일합니다. 텍스트를 읽고 신중하게 입장을 정한 후 이를 뒷받침하는 구체적인 근거를 제시하는 것 말입니다. 더불어 최근 매사추세츠주가 읽기와 쓰기 영역에 도입한 공통핵심기준은 VTS와 여러 공통점을 지닙니다. 공통핵심기준과 VTS 모두 사전에 지식을 전달하는 것을 지양하고 학생이 주체적으로 증거를 제시하며 결론에 도달할 것을 요구합니다.
>
> VTS의 효과는 교실에서 쉽게 목격할 수 있습니다. 자신의 생각을 어떻게 표현할지 고민하고 친구들과 함께 이야기하며 의견을 정립해나가는 학생이라면 더욱 그렇습니다. 아이들은 "무엇을 보고 그렇게 말했나요?"에 자연스럽게 답하며 의견에 대한 증거를 제시합니다. 이미 토의에 익숙해진 학생의 경우 "저는 조너선이 그림의 왼쪽 부분을 관찰하고 말한 내용에 대해서 반대해요. 왜냐하면…"과 같이 보다 유창하게 문장을 구사하기도 합니다. 이러한 경험을 통해 저는 VTS가 학생들에게 자신감을 심어주고 언어 능력이 발달하도록 돕는 유용한 도구라는 확신을 가지게 되었습니다.

앞서 여러 차례 언급한 마리온 바전트가 첫 번째로 인정한 VTS의 효과는 듣기에 관한 것이었다. 듣기는 직접적인 방식으로는 가르치기 어려운 영역이다. 듣는 습관은 강제로 형성되는 것이 아니기 때문에 부모조차 가르치기 어려워 한다. 듣는 습관을 기르기 위해서는 무엇보다 듣기의 유용성을 직접 경험해야 한다. 학생은 재미있고 그럴 만한 가치가 있다고 느껴야만 적극적으로 들으려 한다. 마리온은 학생들이 VTS 토의를 하며 상대방의 말을 집중해서 듣고 더 나아가 이를 유용하다고 인식하기 시작했음을 발견했다.

초등학교 2학년 학생들은 쓰기에도 어려움을 느낀다. 마리온의 학생 중 1/4 정도는 이민 온 지 얼마 되지 않은 학생들로 특히 글쓰기를 힘들어 한다. 마리온이 VTS를 수학 수업에 어떻게 접목해 문장형 문제와 관련지었는지에 대해서는 이미 살펴보았다. 마리온은 학생들의 영어 학습을 돕기 위해 몇 주마다 90분 정도를 할애하여 이미지 토의를 진행하며, 2학년 학생들에게 적합한 VTS 이미지로 약 30분간 대화하도록 하고 있다.

3장에서 보았듯 학습 장애가 있거나 영어를 잘하지 못하는 학생들은 토의 중에 거의 아무 이야기도 하지 않았다. 따라서 마리온은 새로운 방안을 생각해냈다. 말로 표현하지 않더라도 글을 쓰게 함으로써 다른 친구들의 이야기를 들으며 무엇을 느끼는지 파악할 수 있다고 생각한 것이다. 마리온은 한두 가지 작품에 대하여 아이들이 원하는 만큼 글을 쓰도록 했다. 보통 30분 정도의 시간을 주었으나 필요한 경우에는 더 쓰게 했다. 아이들은 스스로 작품을 선택해 토의할 때와 마찬가지로 열정적으로 글을 썼다. 필기를 할 수 없다는 등의 이유로 특별히 도움을 주어야 하는 학생을 제외하고는 모두가 글을 써냈다. ELL 학생 또한 마찬가지였다.

우리는 이미 마리온의 제자 앨런이 토의 후 미술작품에 관해 말한 것을 받아 쓴 글을 살펴보았다. 그는 수업에 참여하지 않으며 심각한 학습 장애가 있었던 학생이었다. 여기서 더 나아가, ELL 학생들의 변화를 살펴보기 위해 두 세트의 글을 살펴보고자 한다. 이는 두 학생이 약 2개월 간격으로 각각 그림 5.1[6]과 5.2[7]를 감상하고 쓴 네 편의 글이다. 원문의 느낌을 살리기 위해 철자와 구두점은 아이들이 쓴 그대로 두었다. 미흡한 점을 찾기보다는 행간에서 의미를 발견하고, 기술적인 문제에 집중하기보다는 아이들의 사고와 이것이 글쓰기에 미치는 영향에 초점을 맞추길 바란다. 두 학생은 모두 유치원에 다닐 때부터 VTS를 경험했다. 하지만 첫 번째 글은 2학년이 된 후 처음으로 VTS 수업을 듣고 쓴 것이며, 두 번째는 두 달 동안 네 차례의 수업을 마친 뒤에 쓴 것이다.

학생 1

어머니가 딸의 다리를 대야에 담그고 있는 것이 보여요. 소녀는 수건을 두르고 있어요. 그리고 딸이 다리를 대야에 담그고 있는 것으로 보아 뭔가 잘못되어 가고 있는 것 같아요 그리고 딸이 다쳐서 물에 약간 빨간 것이 있는 것 같아요.

I notice that mother is putting her douter legs in the bowl. And she wareing a towel. And I think something is going wronge because she putting her leg in the bowl And I think she got hurt and there are little red things in the water.

학생 2

엄마는 소녀 발을 씻기고 소녀의 무릎 위에는 수건이 있는 게 보여요. 엄마는 소녀의 발을 씻길 수 있도록 무릎 위에 [단어 누락: 소녀?]를 붙잡고 있어요. 제 생각에 소녀 아빠는 아들과 함께 바깥에 있는 것 같아요.

I notice that the mom is washing the girl feet and the girl has a towel on her lap. The mom is holeing● the [missing word: girl?] on her lap so she can wash her feet. I think the girl dad is outside with the boys.

● 'holeing'은 'holing'을 잘못 쓴 것으로 보인다.

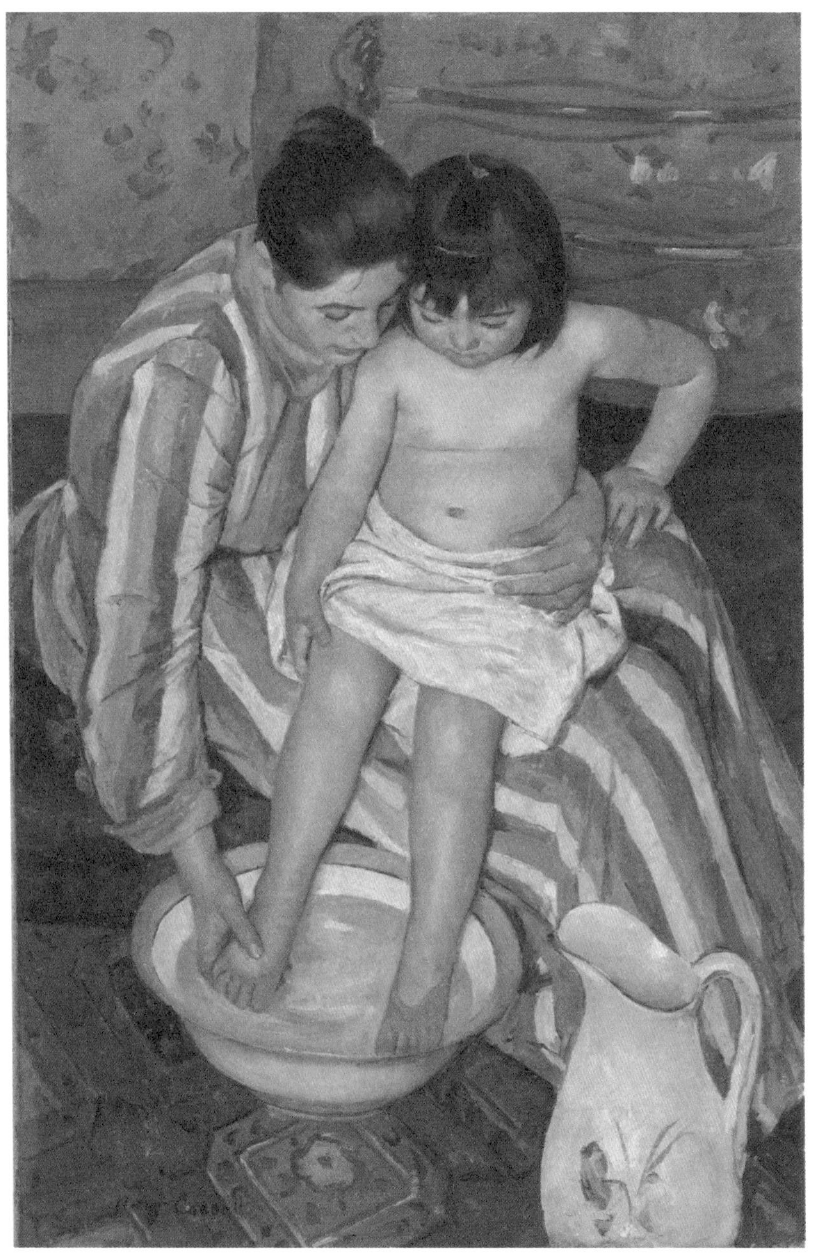

그림 5.1

두 학생 모두 문장을 "I notice(아이들은 바꾸어 말하기를 통해 이러한 표현을 배웠을 것이다)"로 시작해 어머니(엄마)가 딸(소녀)이 발을 물속에 담그도록 돕는 것이 보인다고 썼다. 이는 복합적인 관찰이라 할 수 있다. 그들은 엄마가 발을 씻길 수 있도록 소녀가 엄마의 무릎에 앉아 있다는 사실을 지적했으며, 소녀가 수건을 걸치고 있다는 보다 세부적인 사항까지 밝혀냈다. 학생1은 "딸이 다리를 대야에 담그고 있기 때문"이라고 증거를 제시하며 "뭔가 잘못되어" 간다고 추론했다. 더불어 "딸이 다친 것 같다"며 자신이 추론한 내용을 정교화했으며 "물에 뭔가 빨간 것이 있다"라는 보다 새롭고 구체적인 관찰을 덧붙였다. 이 학생은 이따금씩 마침표와 대문자를 사용하긴 했지만 여러 문장들이 마구 이어진 것처럼 보인다. 특히 마지막 부분은 여러 개의 문장으로 구분되지 않고 하나로 보이기까지 한다.

학생2의 이야기는 학생1과 비슷하지만 자신만의 독특한 추론을 더했다. 그림 속에는 남자가 없지만 그는 "소녀 아빠는 아들과 함께 바깥에 있는 것 같다"라고 유추했다. 학생2는 **왜냐하면**이라는 단어를 사용하지는 않았지만 추론에 대한 증거를 충분히 제시하고 있다. 그는 소녀가 엄마의 무릎에 앉아 있기 때문에 엄마가 소녀의 발을 씻기고 있다고 생각했다. 첫 번째 문장은 중문이라 할 수 있는 것으로, 두 문장을 이어 소녀를 보다 구체적으로 묘사했다.

두 학생 모두 항아리나 깔개 등의 주변 환경에 대해서는 언급하지 않았다. 아마 아직 그림의 구석까지 세밀하게 관찰하기란 어려웠을 것이다. 그들은 엄마에 대해서도 제대로 묘사하지 못했다.

다음은 약 두 달 후 그림 5.2를 보고 두 번째로 쓴 글이다.

그림 5.2

학생1

갈색 말을 타고 있는 어린 소녀가 보여요. 저는 저 말이 암컷이라고 생각해요. 왜냐하면 왕관과 목걸이를 하고 있기 때문이에요. 이 인물은 집을 찾고 있는 것 같아요. 살기 위한 집. 제 생각에 소녀는 가족이 무서워서 집에서 도망쳐 나온 것 같아요. 그래서 소녀는 새로 살 집을 찾고 있어요. 뒤편으로 하얀 산이 보여요. 분명 눈일 거예요. 아래쪽으로는 호수가 가로지르는데 호수는 하얀색이에요.

I see a little girl rideing a brown horse. I think the horse is a girl. Because she's waring a crown and a neckleas. I thing the figer* is looking for a home. To live in. I think she ran away from her house because she must be scared of her family. And she looking for a new house to live in. At the back I see the mountin is white. It must be snow. At the bottom I see some lake across and the lake is white.

학생2

소년이 말을 타고 있기 때문에 여행을 하고 있다고 생각해요. 저는 소년이 부자이고 왕자라고 생각해요. 산 옆에 큰 바다가 보여요. 저 산 언덕 옆에 소년이 사는 것 같아요. 저는 바다와 가까운 곳에 있는 작은 섬을 보았어요. 저는 비가 그쳤다고 생각해요. 또한 태양이 빛나고 있고 무지개도 보여요. 저는 말이 목걸이를 하고 머리에 리본을 하고 있기 때문에 암컷이라고 생각해요. 나무로 덮인 섬과 작은 집, 약간의 흙이 보여요. 많은 금을 두르고 곱슬머리인 말이 보이고 말은 행복해 보여요. 저는 바위와 물로 가득 찬 산을 보았어요. 저는 바다가 파란 것을 보고 섬이 푸

* 'I thing the figer'은 'I think the figure'을 잘못 쓴 것으로 보인다.

른 것을 보았는데 그 안에는 풀이 많아요. 저는 메마른 산을 오르는 소년을 보았는데 산에는 빨간 것이 있어요.

I think the boy is going on a journey because he is on a hourse. I think the boy is rich and he is a prince. I see a big sea by the montine. I think the boy lives by the montine hill. I saw a little island that is close to the sea. I think it stop raining. I also see a sun shining and a rainbow. I think the hourse is a girl because it has a nekklas and bow in her hair. I see a island fill with tree and little house and some dirt. I see the hourse wereing lot of gold and has curly hair and she is happy. I saw the montine fill with rocks and water. I see the sea is blue and I see the island is green and it has lots of grass in it. I saw the boy climing a dry monine and it has red thing on it.•

두 차례의 글쓰기에서 보듯 두 ELL 학생이 관찰한 것은 상당 부분 동일하다. 하지만 대부분의 내용이 비슷했던 첫 번째 글과 달리 두 번째는 그렇지 않았다. 첫 번째 글을 읽고 학생들이 부모와 아이에 관한 그림을 보며 어떠한 이야기를 나누었을지 상상하는 것은 어렵지 않다. 아마 그리 오랫동안 이야기를 나누지는 않았을 것 같다. 두 번째 글에서 두 학생의 이야기는 여전히 비슷하지만 훨씬 더 논리적이다. 그들은 그림에서 각자 다른 요소를 발견했고 다른 이야기를 생각해냈다. 그들은 말을 탄 사람의 성별조차 다르게 생각했는데, 물론 두 가지 견해 모두 타당하다.

두 번째 글쓰기에서 나타난 가장 큰 변화는 두 학생 모두 그림을 전체적으로 감상하며 그림에서 묘사된 대부분의 요소에 대해 언급했다는 점

• 'nekklas'는 'necklace'를, 'monine'은 'mountain'을 잘못 쓴 것으로 보인다.

이다. 그들은 문장을 여러 차례 "I think"로 시작했는데 이는 자신의 해석이 주관적이라는 것을 스스로 인식하고 있음을 의미한다. 그들 모두 관찰한 것을 상세하게 묘사했다. 이를테면 말은 갈색이고, 산은 하얗고, 바다는 푸르며, 섬에는 나무와 작은 집과 약간의 흙이 있으며 또 다른 곳은 푸르고 풀이 무성하다는 식으로 말이다. 이들은 또한 자신의 추론을 뒷받침할 구체적인 증거를 제시했다. 말이 목걸이와 리본을 하고 있으니 암컷일 것이라 판단했고, 소년이 말 위에 앉아 있기 때문에 여행 중일 것이라 추론했으며 산이 하얀 것을 보고 눈이 내렸을 것이라 예상했다. 학생2는 곱슬거리는 갈기와 마구의 금장식과 같은 세부 사항을 더 설명하기 위해 말에 관한 논의로 되돌아왔다. 더불어 별다른 증거를 제시하지 않고 말이 행복할 것이라 추론했다.

학생1은 배경에 숨겨진 소재를 활용하여 이야기를 상당히 완성도 있게 전개했다. 그는 앞서 말한 "I notice"와 더불어 "figure"라는 단어를 사용했다. 이는 교사가 바꾸어 말해주는 과정에서 들었을 것으로 보인다. 학생2는 첫 두 문장을 통해 자신만의 이야기를 전달하는 한편 무지개와 같이 다른 학생은 찾지 못한 세부 사항을 제시함으로써 글을 풍부하게 채웠다. 그의 글을 읽는 것만으로 전체적인 그림의 상을 그려낼 수 있을 것 같다. 특히 하늘을 채색한 기법을 유심히 관찰한 후 이제 막 비가 그쳤을 것이라고 추측한 점이 놀랍다. 그는 풍경을 묘사하는 능력이 매우 뛰어난 작가라고 할 수 있다.

이러한 변화는 매우 짧은 시간에 일어났다. 마리온이 이미 말했듯 두 학생은 토의에 거의 참여하지 않고 듣기만 하던 학생들이다. 이들은 겨우 일곱 살로 여전히 영어를 배우고 있으며 학교 밖에서는 거의 보살핌을 받지 못하는 어려운 환경에 처해 있다. 그러나 이들은 눈에 띄는 성장을 보여줌으로써 우리에게 생각할 거리를 던져주었다.

아마도 마리온은 그 또한 어린 시절 이민을 왔기 때문에 비슷한 상황의 학생들에게 특별히 관심을 더 가졌을 것이다. 영어를 배우는 사람들 중 많은 이들이 단어를 몰라서가 아니라 상대방의 말을 이해하지 못하거나 잘못 이야기해서 비웃음을 당할까봐 대화에 참여하는 것을 꺼린다고 한다. 나로서는 생각해보지 못한 문제였다. 마리온은 ELL 학생들이 자신에게 익숙한 모국어의 언어 패턴에 따라 영어를 받아들이기 때문에 그들이 구사하는 구문이 어색할 수 있다고 가정한다.

마리온의 이야기를 들으면서 어린 시절 들었던 패티 페이지의 노래가 떠올랐다. "Throw mama from the train a kiss, a kiss…" 처음 들었을 때에는 가사가 이상하다고 생각했다. 그러나 ELL 학생들이 왜 이야기하는 것을 꺼리는지 알게 되자 이러한 생각이 상대방의 노력을 비웃는 것일 수 있음을 깨닫게 되었다.

마리온은 VTS가 ELL 학생뿐만 아니라 영어가 모국어인 학생들에게도 도움이 되는, 초등학교 전 학년에 걸쳐 사용할 수 있는 교육 방법이라고 생각한다. 마리온의 견해는 일정 부분 내가 이전에 지적한 내용과 맥을 같이한다. 하지만 마리온은 ELL 학생들을 가르치기 위해 전문적인 훈련을 받은, 현장에서 활동하고 있는 교사라는 점에서 나와는 다르다. 나의 견해가 관찰과 독서, 연구를 통해 이론화된 것이라면 마리온의 이야기는 보다 실질적이고 현실적이다.

학생들의 글쓰기 실력이 크게 발전한 첫 번째 이유는 시각적인 자극이 주어졌기 때문이다. 학생들은 그들이 무엇에 대해 토의하는지 눈으로 직접 볼 수 있었다. 교사가 아이들이 관찰한 내용을 끊임없이 가리키며 이를 그림과 연결했기 때문이다. 덕분에 학생들은 계속해서 토의에 집중할 수 있었다.

두 번째로 학생들은 친구들이 그림에서 찾아낸 복합적인 의미를 귀 기울여 듣고자 했다. 그들은 서로의 의견을 이해하는 과정에서 흥미를 느꼈다. 비슷한 발달 단계에 있는 또래 친구들이 작품에서 무엇을 보았으며 또 이에 대해 어떻게 생각하는지 듣는 것은 유용한 경험이다.

세 번째로 교사는 학생들이 언어를 보다 풍부하게 경험할 수 있도록 학생들이 이야기한 것을 바꾸어 말했다. 학생들은 이러한 과정에서 새로운 어휘와 문장 구조를 자연스럽게 체득할 수 있었다. 교사가 언어를 훌륭하게 구사하는 본보기가 되는 것이다.

네 번째 요인은 VTS가 마리온을 비롯하여 여러 교사가 강조한 글쓰기 기회를 제공했다는 데 있다. 학생들은 이미지와 이에 관해 나눈 대화를 생생하게 마음속에 담은 상태로 말하기에서 쓰기로 옮겨갔다. 이와 같은 연속적인 활동은 학생들의 언어 발달에 도움을 줄 뿐만 아니라 교사의 도움을 받아 진행되는 토의를 개인적인 활동으로 변환한다. 학생들은 교사의 주도 아래 토의에 참여하는 단계에서 누구의 도움도 받지 않고 스스로 수행하는 단계로 나아갈 수 있다.

마리온은 학생들이 원하는 만큼의 시간(보통 20분에서 30분 정도)을 주었다. 따라서 학생들은 관찰한 내용과 자신의 생각을 충분히 정리하여 표현할 수 있었다. 글쓰기는 그때그때 학생의 언어 능력을 기록하는 역할을 수행하며 의미를 형성하는 과정에서 나타나는 지각의 전체적인 순환을 보여준다. 즉, 학생의 글에서 우리는 그가 무엇을 보았고 이를 어떻게 묘사했으며 더 나아가 어떠한 의미로 받아들였는지를 엿볼 수 있다.

마리온은 VTS의 효과가 매우 분명하며 2학년 학생들이 성공적으로 글을 쓰게 하는 데에 크게 기여한다고 자신한다. 학기 초에 학생들은 일부 단어만을 사용하여 글을 쓸 수 있을 뿐이었지만 몇 개월 만에 언제든지 쉽게 쓸 수 있게 되었다. VTS가 글쓰기에 미치는 영향은 평가를 통해 더 입증되어야 하겠지만 개인적으로 워싱턴주가 요구하는 다음의 성취기준을 충분히 충족한다고 생각한다.

> 2학년 학생들은 단일한 생각을 드러내는 패턴화된 문장 쓰기에서 시작해 하나 이상의 사건과 묘사를 포함하는 자세하고 연속적인 글을 쓸 수 있게 된다. 목적 의식을 가지고 글쓰기를 계획하며 정확하고 효율적인 단어를 선택하는 등 신중하게 글을 쓴다. 한 편의 글을 다양한 문장 구조로 구성한다. 학생들은 기본적인 글쓰기 규칙을 지키며 실제로 일어난 사건을 포함해 다양한 종류의 글을 쓸 수 있다. 학생들은 글을 검토하며 실수를 바로잡고 내용을 보완한다.[8]

앞서 살펴본 ELL 학생들의 글은 학년 중반에 쓴 것임에도 불구하고 위의 기준에 부합한다.

크레이그 매디슨은 대부분의 학생이 모국어로 영어를 사용하지 않는 엘 베라노 초등학교에서 다년간 VTS를 시행한 결과 마리온과 비슷한 판단을 내리게 되었다. 그는 3학년 학생들이 VTS를 경험하기 "전과 후"에 한 글쓰기를 다음과 같이 돌아보았다.

> 이러한 차이는 자연스러운 성장의 결과거나 학교 영어 수업 때문만은 아닌 듯합니다. 저는 1년 동안의 VTS 활동이 학생들의 글쓰기 능력의 향상에 적어도 50퍼센트 이상의 영향을 주었다고 생각합니다. VTS는 하나의 주제에 대해 오랫동안 살펴보고 생각하도록 하며 글을 구상할 수 있는 시간을 줍니다. 3학년 말이 되자 학생들은 친구들과 함께, 혹은 스스로 의미를 형성할 수 있게 되었습니다. 결과적으로 학생들은 학기 초에 비해 매우 발전된 글을 쓸 수 있었습니다.
>
> 물론 예외도 있습니다. 캘리포니아 영어 발달 평가California English

Language Development Test, CELDT 기준 초급 및 중급 수준인 학생의 경우 다소 향상되었지만, 극적인 차이를 보이지는 않았습니다. 하지만 이들 또한 대상을 단편적으로 관찰하는 데서 벗어나 현상을 보다 상세히 파악하고 증거를 바탕으로 추론할 수 있게 되었습니다.

트레이시 매클루어가 쓴 글도 이와 맥을 같이한다. 그는 영어를 사용하지 않는 가정에서 자라는 학생에 관해 다음과 같이 썼다.

학생들의 글쓰기에서 나타나는 차이는 자연스러운 성장의 결과일 수도, 글쓰기 교육이나 VTS의 효과일 수도 있습니다. 하지만 저는 보다 풍부한 관찰이나 근거를 제시하는 습관, 다양한 해석 등 글쓰기에서 나타나는 변화가 VTS와 직접적으로 관련이 있다고 생각합니다.

VTS 전과 후의 글쓰기를 비교하면 매우 눈에 띄는 성장을 목격할 수 있습니다. 글쓰기 능력에 있어 성장은 너무나 자명합니다. 그러나 학생들에게서 보이는 가장 확실한 성장은 사고력에 관한 것이며, 이는 바로 VTS에서 비롯된 것입니다.

앞서 언급했듯 트레이시는 수업에 VTS 이미지 토의와 함께 시 토의 활동을 도입했다. 수업과 문학을 접목한 깊이 있는 경험이 학생들의 글쓰기에 어떠한 영향을 미치는지 묻자 그는 캘리포니아주의 6학년 학생들이 졸업을 위해 필수적으로 제출해야 하는 "문학작품에 응답하기"라는 글쓰기 과제를 보여주었다. 이는 교사의 영향이 거의 없는 상태에서 학생들이 어떠한 역량을 내면화했는지를 보여주는 것으로, 이미지나 시와는 직접적인 관련이 없다. 교사는 학생들이 과제를 이해했는지 확인하는 정도의 이야기만을 나눌 수 있을 뿐, 학생들의 글을 교정하거나 방향성을 제안해서는 안 된다. 학생들은 다음의 지시 사항[9]에 따라 문학작품을 감상한 후 글을 써야 한다.

'문학작품에 응답하기'를 위한 다섯 가지 문단 구성

첫 번째 부분/문단 – 요약하기

다음과 같이 정보를 제시하면서 작품을 요약하라.

- 처음 (제목, 작가, 주인공, 배경, 주요 문제 또는 갈등)
- 중간 (주요 갈등을 둘러싼 두, 세 개의 사건에 관해 말하기)
- 끝 (해결/결말에 관해 말하기)

**두 번째 부분/문단 –
이야기 속 사실에 근거해 인물 또는 사건을 판단하기**

여기서 말하는 판단은 글에 나오는 인물이나 사건에 관한 진술이다. 글 속에서 근거를 찾을 수 있고 일리가 있는지가 중요할 뿐 판단에는 옳고 그름이 없다.

**세 번째 부분/문단 –
이야기 속에서 근거를 찾아 내용을 예상하기**

만약 이야기 속 사건이 달랐다면 무슨 일이 생겼을지 예상해보라. 또는 만약 이야기가 지속된다면 **현실적으로** 미래에 무슨 일이 벌어질지에 관해 예상해보라.

**네 번째 부분/문단 –
관련짓기 및 이야기 속 근거를 통해 자신의 판단을 뒷받침하기**

관련짓기에는 세 가지 유형이 있다.

- 글과 자신 – 책의 내용을 자신의 삶과 비교하기

- 글과 세계 – 책에 나오는 사건을 실제로 일어나는 일과 비교하기
- 글과 글 – 책에 나오는 사건을 자신이 읽은 다른 책과 비교하기

글 속에 자신이 글과 무언가를 관련짓고 있다는 사실이나 자신이 선택한 관련짓기의 유형을 드러내서는 안 된다. 관련짓기는 자연스러워야 하며 글과 유기적으로 연결되어야 한다.

다섯 번째 부분/문단 –
해석(작가의 의도/삶에 던지는 메시지)을 통해 결론을 내리고 작품에 대한 의견을 밝히기

- 결론을 드러내는 문장으로 글 마무리하기
- 자신의 해석을 드러내고 이를 충분히 발전시킨 후 글 속에서 근거를 찾아 뒷받침하기

해석에 포함될 수 있는 내용은 다음과 같다.

- 작가의 메시지 밝히기
- 글의 주제 또는 글이 삶에 던지는 메시지 밝히기
- 작가가 우리에게 전하고자 하는 바를 이해하기
- 이야기에 대한 자신의 견해로 마무리하기

사실상 이와 같은 과제는 자유로운 글쓰기와는 상반된다. 결과물은 학생들이 지시 사항을 따르고 있는지, 학생들이 작품에 대해 어떻게 생각하고 어떠한 방식으로 썼는지를 알려줄 뿐 보다 자유로운 자극이 주어졌을 때 학생들이 무엇을 할지에 대해서는 알 수 없다. 여하튼, 다음은 VTS가 올드 아도비에 소개되기 전인 2007년 봄, 타고난 재능이 아닌 노력으로 높은 성취를 보인 학생의 글을 뽑은 것이다.

* 최대한 원문의 문체를 살리고 쉼표, 구두점, 세미콜론 등의 문장 부호 또한 원문의 것을 따랐음

스타걸

레오를 따르라. 애리조나주의 미카 고등학교 학생, 제리 스피넬리의 작품 『스타걸』에 나오는 레오가 자신의 혼란스러운 고등학교 생활에 대해 말한다. 레오가 쥐를 안고 있는, 평범하지 않은 스타걸을 만나고, 글이 전개됨에 따라 점차 사랑에 빠진다. 하지만 스타걸과 "아주 친한 친구"가 되며, 레오는 다른 모든 이들로부터 무시를 당하게 된다. 이제 레오는 사랑과 인기 중 하나를 선택해야 한다.

결정하는 과정에서, 레오는 여러 가지 일들을 경험하고 자기 자신에 대하여 알게 된다. 그는 핫 시트라는 쇼에 참가해, 모험을 하면서 스타걸의 다른 면을 보게 된다. 레오가 마침내 선택을 하게 되었을 때, 그는 결심을 굳혔고 뒤돌아보지 않았다.

나는 스타걸이 배려심이 있고, 친절하며, 사랑스러운 친구라고 믿는다. 그녀는 항상 다른 사람을 생각한다. 그녀는 어떤 경우든, 그녀가 모르는 사람들을 위해 편지를 쓴다. 그녀는 사람들의 생일에 노래를 불러주고, 도움이 필요한 사람들에게 선물을 보낸다. 따라서, 나는 스타걸이 훌륭한 친구를 만날 것이라고 생각한다.

내가 생각하기에 레오가 스타걸을 선택했다면, 스타걸은 이사를 가지 않았을 것 같다. 스타걸과 데이트를 했다면 오코틸로 댄스파티는 그렇게 재미있지도 기억에 남지도 않았을 거다. 레오가 스타걸을 선택했다면 모든 게 달라졌을 거다.

이 책에서, 스타걸은 전학을 왔기 때문에 눈에 띄었다. 학교는 아니었지만 체육관에서, 나 또한 비슷한 경험을 했다. 나는 잠깐 동안 하얀 양떼무리 속의 검은 양처럼 눈에 띄는 존재였지만, 일주일 정도가 지나고, 모두와 친구가 되었다.

결론적으로, 제리 스피넬리의 『스타걸』은 사람들이 기억하고 마음에 새겨야할 메시지를 전해주는 대단한 책이다. 너 자신이 되어라! 내가 행복하지 않은 이상 다른 사람을 위해 나 자신을 바꾸어서는 안 된다. 네가 되고 세상에 너를 보여라. 너 자신이 되고 너 자신을 사랑하라!

다음은 2011년 봄, 높은 성취를 보인 또 다른 학생이 쓴 글이다. 이 학생 역시 글을 쓰는 데 특별히 재능을 타고난 것은 아니었다. 다만 이 학생은 초등학교를 다니는 내내 트레이시의 "오늘의 시" 토의에 참여했고, 4년간 미술작품에 관한 VTS를 경험했다.

줄무늬가 생겼어요

데이빗 섀논의 『줄무늬가 생겼어요』는 높은 음과 낮은 음으로 이루어진, 끝내 행복한 결말을 맞이하는 오케스트라 편곡인 것 같다. 카밀라는 악보의 서로 다른 소절을 통해 그녀가 처한 곤경을 해결하고자 한다. 학교와 집 어느 곳에서도 자신의 몸에 생긴 줄무늬를 없앨 해결책을 찾을 수 없다. 줄무늬와 더불어 그녀의 또 다른 문제는 리마콩을 매우 싫어하는 다른 친구들과 어울리기 위해 평소 즐겨 먹는 리마콩을 먹지 않는다는 것이다.

어느 날 아침, 카밀라는 무지개색 줄무늬에 휩싸여 잠에서 깨어났다. 카밀라는 학교에 가야 한다는 생각에 진저리가 났다; 그녀는 붉은 엄지 손가락처럼 눈에 띌 게 분명하지만 카밀라는 그 반대가 되고 싶었다. 카밀라는 단지 몸이 줄무늬로 덮어 있을 뿐 아픈 것이 아니었기 때문에 학교에 가야만 했다. 카밀라가 학교에 도착하고 얼마 되지 않아 그녀의 친구들은 하이에나처럼 큰 소리로 웃고, 줄무늬에게 모양을 바꾸라고 소리지르며 그녀를 괴롭히기 시작했다. 학교에서는 카밀라의 줄무늬가 전염될 수 있기 때문에 집에 머무를 것을 종용했다. 그러는 동안, 여러 전문가와 전문의가 그녀의 집에 왔다. 하지만 전문가와 전문의 모두 카밀라의 줄무늬를 치료하기 위한 방법을 찾지 못했다. 카밀라의 몸이 그녀의 침실 벽 문양으로 바뀌어가고 있을 때 나이 많은 여인이 카밀라에게 리마콩을 먹이러 왔다. 마침내 리마콩을 섭취하는 것에 동의하자 카밀라는 원래의 모습으로 돌아왔다.

카밀라는 자신에게 솔직하지 않고 다른 친구들과 동화되기를 원했다. 이를 위해 카밀라는 학교에 간 첫날 극단적인 방법을 선택했는데, 학급 친구들의 눈에 거슬리지 않도록 옷을 골라 입었다. 친구들이 리마콩을 싫어했기 때문에 그녀는 자신이 좋아하는 음식임에도 리마콩을 먹지 않았다. 처음 줄무늬에 휩싸인 채 잠에서 깨었을 때, 그녀는 자신에게 너무 많은 관심이 쏟아질까봐 학교에 가는 것이 두려웠다. 카밀라는 다른 아이들이 어떻게 생각할지 걱정하기보다 진실한 자기 자신이 되어야 했다.

만약 이야기가 계속된다면, 카밀라는 리마콩을 먹는다는 사실 때문에 놀림을 받겠지만 다른 사람들 또한 리마콩을 좋아하기 시작할 수도 있다. 카밀라가 리마콩을 유행시킨다면 카밀라가 그랬던 것처럼 친구들과 똑같아 보이고 싶어 하는 다른 아이들도 리마콩을 먹을 테니 말이다. 하지만 반대로, 아무도 리마콩을 즐기지 않아 카밀라는 친구들에게 괴롭힘을 당할 수도 있다. 어찌됐든 가장 중요한 것은 또 다른 나쁜 줄무늬를 갖지 않도록 카밀라는 그녀 자신이 되어야 한다는 것이다.

카밀라는 소심했다. 나 또한 친구와 똑같아지고 싶어 했던 부끄러움이 많은 청소년이었다. 나는 나 자신을 더 신경 써야 할 때에도 친구가 좋아하는 것에 너무 많은 주의를 기울였다. 예를 들어 학교에 간 첫날, 나는 친구처럼 입지 않으면 친구가 나를 더 이상 좋아하지 않을 것이라는 생각에 초조했다. 이것은 카밀라가 등교한 첫날 그녀의 외모에 대해 가졌던 불안과 비슷하다. 나 역시 나에게 부정적인 관심이 쏠릴까봐 걱정했다. 이를테면 카밀라는 친구들 속에 완전히 섞여 눈에 띄지 않기를 원했다. 그리고 나도 항상 친구들이 내게 하는 이야기를 들으려 했고 그녀의 줄무늬를 향해 소리치는 친구들 옆에 서 있던 카밀라처럼 무방비 상태로 서 있었다.

음악의 한 소절과 같은 이 이야기를 마무리 짓자면, 이 작품의 교훈은 다른 사람들의 틀에 흡수되지 말고 자신만의 길을 개척해 개성 있는 사람이 되라는 것이다. 이 악보는 우리가 다른 사람들처럼 되기를 바란다면 자신만의 특별한 멜로디를 지닌 스스로를 잃을 것이라 이야기한다. 작가는 자신만의 음악을 만들라는 메시지를 전하며 누군가 우리를 위해 만든 곡을 따라가지 말라고 강조한다. 작가는 다른 사람들이 우리를 어떻게 생각하는지 걱정하지 말고 우리 자신이 되라고 말한다. 데이빗 섀논은 아무도 보고 있지 않은 것처럼 춤출 필요가 있다고 이야기하고 있는 것 같다.

다음은 과제를 수행하며 학생들이 따라야 했던 기준이다. 트레이시는 앞서 보았던 상세한 지시 사항과 함께 학생들에게 다음의 기준을 제시했다.[10]

- 알고 있는 전략을 활용해 독자를 사로잡기
- 이야기를 요약하기
- 판단을 내리고 적절한 근거를 들어 이를 뒷받침하기
- 글과 관련하여 예상해보기
- 글과 관련짓기
- 글에 대한 해석과 책에 대한 자신의 견해를 포함하여 결론 쓰기
- 접속사나 앞뒤를 이어주는 표현 사용하기
- 다섯 개 이상의 생생한 예시를 들기
- 문단을 논리적으로 구성하기

- 구두점을 정확히 표시해 중문을 세 개 이상 쓰기
- 해당 학년의 필수 단어를 사용하기
- 깔끔하고 편안하게 읽을 수 있는 모범적인 글을 쓰기

두 학생 모두 기준에 부합하는 훌륭한 글을 썼다. 그들이 선택한 두 문학작품은 모두 에밀리 디킨슨의 시와 비교할 때 크게 난해하지는 않지만 말이다. 다만 첫 번째 학생은 특별히 생동감 있는 언어를 사용하지 않고 구두점의 표기도 완벽하지 않아 다소 감점이 있을 것으로 예상된다. 그러나 전반적으로 볼 때 그는 기대한 바를 성취했다. 이는 VTS와 "오늘의 시" 활동을 경험한 다른 학생들도 마찬가지였다. 전과 후의 차이를 찾는 것은 어렵지 않았다. (두 학생의 선생님은 바로 트레이시였고 두 학생 모두 학교에서 전반적으로 우수한 성취도를 보였다. 다만 두 학생은 미술작품과 시에 대해 나눈 토의의 양에서 차이를 보였는데, 첫 번째 학생은 조금, 두 번째 학생은 많이 토의에 참여할 수 있었다.) 그렇다면 두 학생의 글쓰기에서 나타나는 차이점은 무엇인가?

두 번째 학생의 경우 첫 번째 학생보다 두 배 정도 더 긴 내용을 논리적으로 풀어냈다. 크게 중요하지 않은 내용을 나열했을 뿐이라면 별 의미가 없겠지만 그렇지는 않다. 두 학생 모두 다 특정 의견이나 문장을 반복하나 이러한 경향은 두 번째 학생에게서 조금 덜 나타난다. 두 학생의 글에서 일부 내용이 반복되는 것은 지시 사항을 따르기 위한 것으로 보인다. 사실상 "작가의 메시지 밝히기", "글의 주제 또는 글이 삶에 던지는 메시지 밝히기", "작가가 우리에게 전하고자 하는 바를 이해하기"의 차이점은 명확하지 않다. 이러한 요소들을 구분해 동일한 내용을 반복하지 않고 글을 쓰는 것은 나에게도 어려운 일이다.

첫 번째 학생의 글에서 여러 가지의 세부 사항은 다소 불명확하다. 사건, 인물의 특징, 줄거리를 불완전하게 언급하고 있기 때문이다. 그래서

글을 읽은 뒤에도 여전히 다양한 사건과 갈등에 관해 의문이 남는다. 우리는 마지막에 두 주인공에게 무슨 일이 일어났는지, 오코틸로 댄스 파티가 무엇인지, 그곳에 스타걸이 갔는지 가지 않았는지를 알 수 없다.

두 학생의 글 모두 마치 책을 직접 읽고 있는 듯한 느낌을 준다. 그들은 글의 초반부에 책의 내용을 요약한 후 세부 사항을 더하며 책의 줄거리와 감상을 구체화하고 있다. 이를 통해 두 학생 모두 책에 담긴 메시지를 이해하고 있으며 이를 효과적으로 전달하고자 한다는 사실을 알 수 있다.

첫 번째 학생의 글은 생동감 있고 쉽게 읽힌다. "레오를 따르라"라는 두 단어로 이루어진 첫 문장이 눈길을 사로잡는다. 하지만 이에 대한 단서를 제공하는 그 다음 문장은 완벽하지 않다. 처음에는 이 학생이 뭔가 독특한 문체를 구사한다고 생각했지만, 곧 그가 아직 문법과 구두점을 완벽하게 숙지하지 못했다는 결론을 내리게 되었다. 쉼표를 과도하게 사용하는 것 또한 같은 이유에서일 것이다. 반면 두 번째 학생은 구두점과 쉼표를 정확하게 표기하고 있으며 세미콜론까지 완벽하게 사용한다.

첫 번째 글이 읽기 쉽다고 느껴지는 이유는 어휘 때문이다. 연령대에 적합한 어휘를 사용해 안정적인 글이라는 인상을 준다. 반면 두 번째 학생은 책의 분위기에 적합한 다양한 단어를 보다 모험적으로 사용했다. 처음 두 단락에서 사용한 **오케스트라 편곡, 곤경, 즐기다, 경멸하다, 휩싸이다, 혐오하다, 강요하다, 뒤덮다, 괴롭히다, 종용하다, 바뀌다, 섭취하다**와 같은 단어는 글에 새로운 느낌을 더한다. 접속사와 연결어구 또한 정확하게 사용했다. 학생은 글 후반부에 주인공을 **소심하다**라고 묘사했는데, 학생이 정확히 무엇을 표현하고자 했는지 파악하기 위해서는 조금 더 생각을 해보아야 한다. 아마 **자신 없는** 정도의 의미를 나타내려고 한 게 아닐까 싶다. 학생은 직설적이고 꾸밈없이 쓰되 생각의 여지를 남기는 단어를 사용하여 읽는 재미를 더했다.

두 번째 학생은 비유를 이용하여 글을 시작하고 끝맺었다. 첫 문단은 지시 사항을 충실하게 따르는 듯하나, 마지막 문단에서는 비유를 보다 과감하게 사용했다. 학생은 춤이라는 표현을 사용했는데, 이는 학생의 생각을 적절하게 표현하며 의미를 효과적으로 전달한다. 다만 책에 대한 의견을 분명히 명시하지는 않았다. 물론 그다지 어렵지 않게 유추할 수는 있지만, 이 부분에서는 확실히 첫 번째 학생이 앞서는 것 같다. 하지만 두 번째 학생이 책을 읽는 것을 즐겼음은 분명하다.

마지막 문단에서 작가의 의도를 요약해야 한다는 지시 사항을 따르며, 첫 번째 학생은 확신에 가득찬 어조를 보였다. "너 자신이 되어라!" 등의 표현에서 이를 엿볼 수 있다. 또한 책에 대해서도 분명한 판단을 내리고 있다. 데이빗 섀논의 『줄무늬가 생겼어요』 역시 이와 같이 직접적이고 단정적인 방식으로 요약될 수 있었을 것이다. 그러나 두 번째 학생은 여러 가지 가능성을 제시했다. 작가가 **전하고자** 하는 메시지에 관한 자신의 견해를 다섯 개의 문장으로 요약하고 메시지를 각각 다르게 해석해 생각의 여지를 남겼다. 학생은 다양한 의미의 층위를 쌓고자 했다. 이 책 역시 첫 번째 글처럼 하나의 단정적인 문장으로 요약될 수도 있었겠지만, 두 번째 학생은 글을 보다 복합적으로 구성하여 독자들이 그의 이야기에 보다 깊은 인상을 받을 수 있도록 했다.

요약

교사가 아닌 학생 중심의 수업

여러분이 위와 같이 서로 다른 두 글쓰기 방식이 지닌 각각의 장점에 대해 여러분만의 결론을 내렸기를 바란다. 어떠한 방식을 선호하는지에 대해서는 의견이 다를 수 있지만, 두 학생의 차이는 트레이시가 시행한 전략에 의한 것이라는 사실을 유념해야 한다. 트레이시는 학생들에게 지속적으로 영향을 미쳤다. 교사는 학습의 중요한 요인으로, 학생들의 성취도와 직접적으로 연관된다. 이에 반해 그동안 교사의 교육 방법에 관한 논의는 충분히 이뤄지지 않았다. 교육 방법의 변화가 두 글의 차이를 만들었다.

지난 몇 년 동안 트레이시, 마리온, 크레이그의 헌신적이고 창의적인 노력으로 토의를 활용한 교육 방법이 학생들의 성취도 향상에 긍정적인 영향을 미친다는 사실을 확인할 수 있었다. 교사가 학생에게 복합적인 의미를 지닌 이미지와 문학을 소개하고 이에 대해 탐구하도록 할 때, 학생들은 교사나 주제가 중심이 되었던 기존의 수업에서보다 더 많은 것을 성취했다.

6장

VTS, 어디서부터 어떻게 시작해야 할까

미술작품이 글쓰기에 도움이 될까?

그렇다고 생각하는 교사는 거의 없을 것이다. 미술작품으로 성적을 올릴 수 있다는 이야기는 계속 있어왔으나, 실제로 학교에서 미술작품을 활용하는 경우는 거의 없다. 이는 예술적 체험과 학습 간의 상관관계를 증명하는 객관적 자료가 부족하기 때문일 것이다. 읽기나 쓰기, 혹은 여러 교과에 미술작품이 미치는 영향을 구체적으로 알려주는 사례가 거의 없는 것은 사실이다. 하지만 실질적인 증거가 부족하다고 해서 인과관계가 존재하지 않는 것은 아니다. 미술작품은 확실히 교육적으로 활용할 수 있으며, 반복할 경우 더욱 효과적이다.

애비게일 하우젠과 카린 디샌티스는 몇몇 항목에서 VTS가 미치는 영향을 과학적으로 증명했다. 그러나 일부의 사고 유형에 대해서만 데이터를 확보했을 뿐이기에 글쓰기와의 상관관계는 여전히 확정되지 않은 상태로 남았다. 이렇듯 VTS는 객관적인 데이터를 갖추지는 못했지만, 학생들이 쓴 글은 VTS가 글쓰기에 영향을 미친다는 사실을 충분히 알려준다. 엘 베라노 학교의 교사들이 개발한 교육과정 역시 눈에 띄는 성과를 거두었지만 그 영향을 과학적으로 증명할 수는 없었다. 글쓰기에 대한 VTS의 영향력은 학문적 주제로 다룰 수 있을 것이며 특히 기존과 다른 방식으로 학생을 도우려는 이들에게 유용할 것이다.

그동안 학교에서 예술의 역할은 아주 미미했다. 교내 밴드나 오케스트라는 겨우 구색을 갖추었으며, 부모님을 위한 특별 콘서트나 포스터 그리기 대회는 크게 중요한 활동이 아니었다. 노래나 춤, 미술에서 뛰어난 능력을 보이는 학생들 또한 제대로 인정받지 못했다. 이는 교육과정 외적인 활동이었으며, “중요한” 학습을 마무리한 후에야 할 수 있는 특별한 행사에 불과했다. 영어 수업에서 시를 쓰거나 뮤지엄으로 현장학습을 가기도 했지만 이 또한 예산이 줄어들며 다른 “기본적인” 활동에 밀려 등한시되었다. 따라서 우리가 예술을 핵심적인 학습 목표로 여기지 않는다는 사실은 전혀 놀라운 일이 아니다.

나는 사고력과 언어 능력을 실질적으로 증진할 수 있는 방안으로 VTS 토의를 소개했다. 처음에는 VTS를 쉽사리 받아들이지 못할 수도 있다. 많은 이들이 기존의 직접교수법이 불공평한 결과를 낳는다는 사실을 인정하나, 그럼에도 VTS를 받아들이는 건 여전히 어려운 도전이다. VTS는 관습적인 수업 방식으로부터 벗어나 이미지에 관한 경계 없는 자유로운 토의를 통해 목표에 도달하고자 한다. 이는 낯설며 "간접적"이라 교육으로 느껴지지 않을 수 있다. 직접교수법이 오랫동안 강력한 영향력을 발휘했고, 그동안 미술작품을 "유용하게" 활용하는 방안을 거의 고민하지 않았으며, 수업에 토의를 본격적으로 도입한 사례 또한 거의 없기 때문에 더욱 그렇다. 많은 이들이 VTS의 효과를 의심했고, 교사들은 VTS의 성취를 좀처럼 인정하려 하지 않았다.

따라서 이번 장에서는 VTS가 정말로 효과가 있는지 비판적으로 돌아보며 그 실행 방법을 알려주고자 한다. 이는 VTS를 언제, 어디서 실행해야 하는지에 대해 적절한 가이드라인을 제공할 것이고, 새로운 도전 앞에 선 교사들의 딜레마를 해소해줄 것이다.

VTS를 진짜로 이해하기 위하여

처음에는 나 또한 VTS에 확신을 가지지 못했다. 모마에서 우리의 교육은 효과가 없었고, 따라서 새로운 교육 방법이 필요하다는 사실을 인정했으나 VTS의 효과는 여전히 의심스러웠다. 초등학교부터 대학교로 이어지는 기존의 학교 교육은 전혀 기억에 남지 않는다는 문제를 지니지만 그렇다고 해서 토의가 적절한 대안이라고 할 수는 없었다. 나 또한 극히 평범한 형태의 교육 방법만을 경험하며 자라왔다. 그렇기에 시간을 들여 학생들에게 지식을 전달하는 것이 교육의 핵심이며, 연령대나 발달 단계와 상관없이 학생들의 실수를 바로잡고 방향성을 설정해주는 것 또한 필수적이라고 생각했다. 처음 VTS를 시작했을 때에는 종종 사람들을 기만하는 듯한 기분에 휩싸였다. 전문가 앞에서 VTS를 시연하며 나는 "제가 알고 있는 교육 방법이 이것밖에 없는 것은 아니에요"라고 변명하고 싶은 충동을 느끼곤 했다.

눈길을 끌고 다양한 이야기를 생각하게 하는 미술작품의 특성에 대해서는 이미 여러 차례 이야기했다. 미술작품에 관해 이야기하는 것이 왜 사고력에 영향을 미치며, 더 나아가 어떻게 글쓰기에 도움이 되는지에 대해서도 다루었다. 그러나 이와 같은 사례만으로 교사들을 설득할 수는 없다. 교사들은 국어와 수학 교육과정을 소화하기에도 벅차며, 시험을 준비해야 할 부담 또한 안고 있기 때문이다. 교사들에게 정해진 교육과정을 따르지 않고 VTS를 우선적으로 밀어붙이라고 요구할 수는 없다.

미술작품의 유용성에 대한 의심을 떨쳐낼 수 있는 유일한 방법은 그 스스로 미술작품과 긴밀한 관계를 맺어보는 것이다. 동료들과 실제로 VTS 토의를 한다면 더욱 좋다. 교사들 또한 VTS를 경험해야 한다. 스스로 새로운 현상을 관찰하며 그 의미를 고민하고, 이미 익숙한 대상이라 할지라도 동료들과 함께 다른 방식으로 돌아보는 경험을 직접 할 필요가 있다. 다양한 의견과 관찰을 공유하고 어려움을 나누는 과정에서 VTS의 진가를 느낄 수 있을 것이다.

즉, 함께 발견하는 경험을 통해 VTS의 가치를 이해할 수 있다. 깊이 있게 관찰하고 감상을 나누면 일상과 괴리된 듯한 전시장 속 미술작품이 보다 친근하게 다가올 것이다. 이로써 미술작품이 왜 학생을 몰입하게 하는지 이해하고 미술작품을 감상하기 위해서는 특별한 지식이 필요하다는 부담감을 떨쳐낼 수 있다.

VTS가 집단 내 유대감 강화에 기여한다는 점에도 주목해야 한다. 미술작품에 관해 이야기하는 것은 곧 개인적인 감상을 드러내는 것이다. 우리는 다른 사람의 이야기를 들으며 그에 대한 정보를 얻을 수 있다. 서로 존중하는 분위기에서 각자의 의견을 나누는 데 익숙해지면 더 많은 생산적인 대화가 가능해진다. 교사들은 VTS 토의를 통해 학교에 바람직한 공동체 문화를 정착시킬 수 있을 것이다.

토의를 직접 해보면 VTS가 얼마나 유용한 수업 방식인지를 체감할 수 있다. 교사는 직접 VTS 토의에 참여하며 거리낌 없이 이야기하고 의견을 나누고 싶은 충동을 느끼는 스스로를 발견할 것이다. 우리는 다른 사람들이 단순히 자신의 의견을 듣는 것을 넘어 이해한다고 느낄 때 용기를 얻는다. 이것이 바로 자신의 의견을 다른 사람의 언어로 듣는 바꾸어 말하기의 기능이다. 모두가 자신의 의견에 동의할 수는 없다. 하지만 적어도 서로의 의견이 연결된다는 사실을 인식한다면 토의에 보다 편안하게 임할 수 있을 것이다. 격렬한 논쟁뿐만 아니라 VTS의 핵심 요소인 경청이 필요한 이유다. 다양한 가능성을 발견하면 답이 정해지지 않은 VTS의 예측 불가능성을 보다 쉽게 받아들일 수 있다. 더불어 스스로의 의견을 보다 효과적으로 전달할 방법을 고민하는 과정에서 우리는 발견의 즐거움을 느끼게 된다. 동일한 주제에 각자의 방식으로 접근해 서로 다른 답을 내놓는 동료들의 모습을 보며 교사는 비로소 VTS가 답이 정해지지 않은 문제라는 사실을 이해할 것이다.

VTS 토의를 통해 학생들의 이야기를 들으며 교사는 미처 인식하지 못했던 학생의 다른 면을 발견할 수 있고, 학생들 또한 서로를 이해하게 된다. 토의의 촉진자로서 교사는 학생들이 어디에 초점을 맞추어 어떻게 보는지를 확인할 수 있다. 학생들의 이야기를 들은 후 이를 바꾸어 말하고 연결하는 것은 학생들의 사고와 언어뿐만 아니라 그들 자체를 이해하도록 돕는다. 촉진자의 역할을 더 잘 수행할수록 교사는 학생들에 대해 더 많이 알게 될 것이다.

교사가 이미지에 관해 토의하는 경험을 가지는 것은 매우 중요하다. 스스로 이미지를 풍부하게 감상할 수 있어야 학생들의 생각을 따라갈 수 있기 때문이다. 학생들의 감상 기술이 발달할수록 교사의 역량이 더욱 중요해진다. 학생들에게 보조를 맞추기 위해 우리는 우리만의 대화를 할 필요가 있다.

다시 말해, VTS의 가치를 실감할 수 있는 가장 좋은 방법은 이미지 토의를 직접 해보며 이를 총체적인 관점에서 살펴보고 서로 무엇을 배웠는지 공유하는 것이다. VTS가 학생들에게 미치는 영향을 이해하는 가장 좋은 방법 또한 VTS 토의에 참여해 그들이 보였던 행동을 습관적으로 돌아보는 것이다. 이를 통해 교사는 토의를 더 잘 진행할 수 있을 뿐만 아니라 학생들이 무엇을 배우는지 이해할 수 있다. 이로써 사고력과 글쓰기를 평가하는 새로운 방법을 고안할 수 있을 것이다.

VTS를 이해하기 위해서는 우선 실행한 후 그것을 되돌아보는 과정을 여러 차례 반복해야 한다. 동료들과 함께한다면 더욱 좋다. VTS의 효과에 관해 함께 이야기를 나누면 보다 깊은 통찰로 나아갈 수 있을 것이다. 학생들이 VTS를 통해 심층적인 의미를 발견했던 것처럼 말이다. VTS는 상호 간의 소통을 통해 복합적인 사고를 유도하는, 공통핵심기준을 충족하기 위한 가장 적절한 대안이다.

다음으로 VTS의 실행 방법을 간략하게 살펴보도록 하겠다.

VTS 실행 방법 배우기

VTS의 개념 자체는 간단하지만, 이를 실행하는 것은 생각보다 쉽지 않다. VTS에서 사용되는 전략은 다른 형태의 수업이나 일상생활에서도 유용하게 활용할 수 있는 것들이다. 예를 들어 이미지 토의에서 교사는 학생들의 말을 흘려듣거나 한눈을 팔아서는 안 되며, 평소보다 집중해서 학생들이 말하는 모든 것을 듣고 이해해야 한다. 이를 위해 일정 부분 "가리키기"의 도움을 받을 수도 있을 것이다. 학생이 언급한 부분을 이미지에서 짚어내다 보면 보다 쉽게 학생의 말에 집중하고 오랫동안 기억할 수 있기 때문이다.

교사는 언어 기술을 창의적으로 발전시켜야 한다. 학생들의 이야기를 바꾸어 말하기 위해서는 무엇보다 그 스스로가 새로운 단어를 많이 알고 있어야 할 것이다. 더불어 단순히 학생들의 의견을 관찰하는 것을 넘어 비슷하거나 서로 다른 생각을 연결하기 위해 고민해야 한다.

이 모든 기술을 빠르게 습득하고 싶을 수도 있다. 하지만 가장 중요한 것은 학생들을 충분히 관찰해 그들을 더 잘 이해하는 일이다. 학생에게 도움이 되는 방식으로 적절하게 바꾸어 말해야 VTS의 효과를 극대화할 수 있다. 수업 방식에 대해 끊임없이 고민하는 것 또한 필수적이다. 보고서나 책을 읽는 것보다 수업을 하며 몸으로 경험하는 것이 더 효과적일 것이다. 여러 차례 반복하면 질문을 던지는 것이 자연스러운 습관으로 자리 잡고 학생의 이야기를 집중해서 듣는 것 또한 쉬워진다. 학생들은 점차 정확한 어휘로 자신의 생각을 보다 명확하게 표현하게 된다. 다른 사람에게 피드백을 받는 것 못지않게 다른 사람을 관찰하는 것이 중요하다.

교사는 VTS를 비롯한 다양한 교육 방법에 대해 끊임없이 의심해야 한다. 새로운 이론에 적절한 방식으로 이의를 제기하는 태도를 가지는 것이 좋다. 우리는 다음과 같이 물을 수 있다. "새로운 전략이 정말로 유효한지 틈틈이 검증해야 하지 않을까?", "우리가 기대했던 결과를 거둘 수 있는 건 단지 전략을 기계적으로 사용하기 때문이 아닐까?" VTS를 실시하는 교사라면 "응, 그렇지만…"이라고 이의를 제기하거나 "글쎄, 증거가 뭔데?"라고 반문할 수 있어야 할 것이다.

20여 년의 연구 끝에 고안한 VTS 전문성 개발 과정은 세 단계로 구성된다. 이를 간단히 **트레이닝**이라고 하겠다. 트레이닝의 첫 단계는 시연이다. 대부분은 실제로 이루어지지만 수업을 녹화해서 보는 경우도 있으며, 시연 후에는 토의를 통해 이를 분석한다. 다음으로 VTS의 구체적인 전략을 연습하고 마지막으로는 수업 내용을 검토한다. 수업을 돌아보며 교사는 그 자신과 학생들에게 일어난 변화에 대해 깊이 있게 생각하게 된다. 질문과 토의는 새로운 수업 방식의 기본이다. 즉, 새로운 교육 방법을 도입하기 위해서는 "직접 실행한 후 동료들과 함께 이를 돌아보는 것"이 필요하다.

VTS 웹사이트는 연구 데이터 및 다양한 자료를 제공한다. 다만 이는 이미 VTS를 여러 차례 실행해 보다 많은 정보를 얻고자 하는 교사에 한해 유용할 것이다. VTS에 관한 여러 사례는 직접 학생들을 관찰한 후 자신만의 의문점을 지니게 된, 문제의식이 뚜렷한 교사에게만 의미가 있다.

VTS 트레이닝에서는 간단한 소개 후 바로 시연으로 이어진다. 시연이 끝나면 "학습자로서 이 시연에 대해 어떻게 생각하시나요?"라고 물어 함께 토의하도록 한다. 여러 사람의 시연을 번갈아 본 후, 트레이너는 "저는 촉진자로서 어떤 역할을 했나요?"라고 묻는다. VTS의 여러 요소를 확인한 후에는 특정한 목표를 위해 설계된 각 질문의 기능에 대해 토의한다. 각각의 표현을 자세히 검토하며 구체적이거나 일반적인 질문의 기능과

목적을 되짚어본다. 시연에 사용된 세부적인 단어 하나하나와 바꾸어 말한 표현이 모두 검토의 대상이다.

그러는 동안 VTS 트레이너는 이미지 토의에서 하는 것처럼 참가자들이 말한 것을 바꾸어 말하며 VTS 과정을 촉진한다. 덕분에 참가자들은 질문을 자유롭게 브레인스토밍하여 적절한 답으로 나아갈 수 있다. 이미 "무엇을 보고 그렇게 말했나요?"와 같은 질문을 활용해 학생들의 사고를 촉진한 경험이 많은 교사로서 그들은 보다 능숙하게 토의에 참여한다. 이와 같은 그룹 분석을 VTS 트레이닝의 전 과정에서 실시한다.

시연을 분석한 후에는 실습으로 돌입한다. 참가자들을 소규모의 그룹으로 나눈 후 각각의 시연을 **코칭 공식**이라고 불리는 방식으로 평가하고 조언하게 한다.

교사들에게는 시연을 이해하고 학생 중심의 수업을 돌아보기 위한 몇 가지의 질문이 주어진다. 질문은 정해져 있지만, 교사들은 각자의 방식으로 대답한다. 시연자는 "당신은 수업으로부터 무엇을 배웠습니까? 혹은 이와 같은 수업에 대해 어떻게 생각합니까?"라는 첫 번째 질문에 대답해야 한다. 시연자는 피드백을 받기 전 질문에 대해 고민한 후 스스로 느낀 것을 다른 조원들에게 말한다. 다른 사람들이 가르치는 것을 보는 것과 스스로 가르치는 것은 완전히 다른 문제다. 질문에 답하며 시연자는 VTS에 대한 자신의 경험과 감상을 이야기할 기회를 얻는다.

코치는 VTS 토의에서처럼 시연자가 이해받는다고 느낄 수 있도록 그의 말을 바꾸어 말한 후 다른 조원들에게 피드백을 요청한다. "시연자의 수업에서 당신은 무엇을 배웠으며, 특히 어떤 점을 대단하다고 생각합니까?" 이 질문은 은연중에 학생과 대화를 할 때에는 긍정적으로 시작해야 한다는 사실을 알리려는 것이다. 학생과 교사의 관계는 어쩔 수 없이 감정적이며, 학생들은 교사의 감정에 큰 영향을 받는다. 물론 모든 교사는 객관적이며 공정한 태도를 유지하기 위해 노력하지만 교사의 모든 행동이 학생들로 하여금 교사의 기분을 가늠하게 하는 단서가 된다. 교사의 미소나 찌푸린 얼굴, 단어 선택과 목소리 톤과 몸짓은 학생들에게 미묘한 의미를 전달한다. 교사는 긍정적인 분위기를 조성해 학생들이 쉽게 수업에 몰입하고 참여할 수 있도록 격려해야 한다. 따라서 긍정적인 피드백을 유도하는 질문으로 이야기를 시작하는 것은 적절한 방식이라 할 수 있다.

트레이닝 중에는 자연스럽게 "예기치 못했던 성과나 결과는 없었나요?"라는 질문이 나오는 것이 바람직하다. 이 질문을 통해 참가자들은 기존에 VTS를 통해 거둘 수 있으리라 기대했던 바나 혹은 반대로 전혀 예상하지 못했지만 나타난 의외의 현상을 다시금 돌아볼 수 있다. 교사는 수업을 시작하기 전 필연적으로 학생들이 어떻게 행동할지 추측하며 수업의 효과를 예상하게 된다. 교사가 학생에게 거는 기대 자체를 나쁘다고 할 수는 없다. 이는 학생들을 끌어올리는 동력이 되기도 하기 때문이다. 그러나 교사의 기대는 때로 구체적인 학습 목표로 제시되어 교사와 학생의 가능성을 제한하기도 한다. 교사가 학생에게 기대하는 바가 합리적인지 주기적으로 곱씹어보아야 하는 이유다. 미술작품은 적절했으며 토의에 통찰력을 주었는가? 교사로서 목표에 도달했는가, 아니면 부족했는가? 학생들은 목표를 넘어섰는가? 성취도가 평균 이하이거나 장애가 있거나 뛰어난 성취도를 보이는 학생은 어떠했는가?

이러한 평가를 토대로 다음 수업을 계획하면 모든 학생에게 적절한 도움을 제공하고 적합한 목표를 제시할 수 있다. 더 나아가 부족한 점을 보완하고 기대 수준을 끌어올리게 된다.

이와 같은 검토의 과정을 "의심하는 사람이 되어보기"로 요약할 수 있다. 이는 막연하게 추측하기보다 수업을 여러 차례 검토하며 기존의 기대치와 실제로 일어난 결과를 비교해보는 것이다. 예상하지 못한 결과가 발생했다면 그것이 긍정적인 경우에는 이점을, 부정적인 경우에는 단점을 발견해 강화하거나 시정할 방법을 고민해야 한다. 정해진 교육과정을 의무적으로 따라야 한다면 이는 힘든 일일 수 있다. 하지만 비교적 자유로운 환경에 있다면 VTS를 최대한 활용해 공통핵심기준에 도달할 수 있는 새로운 교육과정을 고안할 수도 있을 것이다.

코칭의 다음 단계는 수업 내용에 대한 비판을 질문의 형식으로 돌려서 표현하는 것이다. 이는 꽤 어려운 일이다. "그건 잘못됐어요"나 "그렇게 해서는 안 됩니다"라고 직접적으로 말하는 것은 지나치게 노골적이다. 이러한 방식으로는 상대방에게 긍정적인 변화를 기대할 수 없다. 많은 사람 앞에서 당황스러운 상황에 처하면 모두가 방어적인 태도를 보이기 마련이다. 아무리 침착하게 비판을 받아들인다고 할지라도 무엇이 잘못됐는지, 그리고 어떻게 고쳐야 하는지는 제대로 깨우치지 못할 것이다.

따라서 직접적으로 비판하기보다는 질문 속에 비판적인 언급을 포함하는 것이 좋다. 이를테면, 초보 시연자가 VTS의 두 번째 질문을 "무엇 때문에 그렇게 말했나요?"라고 잘못 이야기했다면, 트레이너가 다음과 같이 이야기해주는 식이다. "시연을 보니 질문에 대해 생각해보게 되네요. '무엇 때문에 그렇게 말했나요?'와 '무엇을 보고 그렇게 말했나요?'에는 어떠한 차이가 있을까요?" 참가자들 또한 자연스럽게 이러한 방식을 따르게 될 것이다. 시연자가 바꾸어 말하며 중요한 관찰이나 생각을 놓쳤다면 "학생의 이야기를 일부만 바꾸어 말한다면 어떤 일이 일어날까요?"라거나 "우리는 왜 학생들에게 그들이 말한 모든 것을 이해하고 받아들이고 있다는 사실을 알려줘야 할까요?", 또는 "학생들이 말하는 것을 모두 파악하기 위해서는 무엇을 해야 할까요?" 등으로 질문할 수 있다.

이러한 질문을 들으면 시연자는 자연스럽게 스스로 바꾸어 말하는 과정에서 무언가를 놓쳤다는 사실을 깨닫게 된다. 더불어 자신의 실수를 돌아보는 것을 넘어 행위 자체의 의미를 생각하게 된다. 트레이너는 보다 많은 사람의 의견을 구하기 위해 토의를 진행하기도 한다. 이로써 모두가 바꾸어 말하기를 더 깊게 이해하게 된다.

VTS는 정답이 정해진 문제가 아니며, 우리는 재주넘기를 훈련받는 원숭이가 아니다. 우리는 다양한 방법을 시도할 수 있으며, 결과가 만족스럽지 못할 경우에는 실수를 겸허히 인정하되 좌절할 필요는 없다. 이러한 태도는 학생들이 모든 교육과정에서 실수를 딛고 일어설 수 있도록 돕는다. 이와 같이 자신의 행동을 긍정적으로 돌아볼 수 있게 된다는 것이 VTS의 부수적인 효과 중 하나일 것이다. 질문을 통해 학생들이 다른 방향으로 생각하도록 하는 것은 어려운 과제지만 노력할 만한 가치가 있다. 이는 살아가며 맞닥뜨리는 모든 위기에 보다 긴장을 풀고 대처할 수 있게 한다. 학생들이 무언가를 배우게 하는 가장 좋은 수업 방식은 적절한 방식으로 질문을 던지는 것이다. 4장에서 소개한 교사들은 이미 이러한 방식을 시도하고 있으며, 공통핵심기준을 충족해야 하는 모든 교사 또한 이를 고려해봐야 할 것이다.

그동안 격려의 효과는 과소평가되어 왔다. 기존의 교육은 엄격한 분위기에서 규칙을 따를 것을 강제하며 학생들이 스스로를 부족하다고 느끼도록 했다. 하지만 규칙의 기능을 이해하는 것이 규칙을 따르는 것보다 우선이다. 운전하는 동안 문자를 보내면 안 되는 이유는 법이 강제해서가 아니라 그렇게 하는 것이 위험하기 때문이다. 바꾸어 말하기를 잘 하기 위해 노력해야 하는 이유 역시 같은 맥락에서다. 학생들에게 교사가 그들의 말에 집중한다는 피드백을 주며 참여 의지를 불러일으키는 바꾸어 말하기의 기능을 이해할 필요가 있다. ("이러한 활동에 의미가 있을까요?"라는 질문을 끊임없이 되풀이할 필요가 있다. 그 어떤 것도 당연하거나 진실이라고 생각해서는 안 되며, 항상 기존의 가치와 경험을 의심해야 한다.)

트레이너가 "이러한 과정을 통해 무엇을 배웠나요?"라고 물으며 시연이 마무리된다. 시연자는 스스로 무엇을 느꼈는지 고민하며 자신만의 방향성을 설정해 다음 단계로 나아갈 수 있을 것이다.

학교에서 VTS를 활용하고 싶다면

학교에서 수업 방식으로 VTS를 도입하고 싶다면 VTS 전문성 개발 과정에 맞추어 삼 년 동안 연초에 입문 워크숍을 실행해야 한다. 또한 수업에 관해 보고해야 하는데, 수업이 단계적으로 도입되는 초기 삼 년 동안에는 매해 세 번에서 다섯 번 정도가 적절하다. 보고 시기는 학교 특성에 따라 달라질 수 있다.

보고 내용은 다양하게 구성될 수 있다. 수업 중 발생하는 여러 문제를 해결하기 위한 브레인스토밍부터 바꾸어 말하기나 연결하기와 같은 VTS 요소까지 다양한 항목이 다뤄진다.

교사는 초반에 모든 학생이 VTS 토의에 참여하는 것을 보고 만족감을 느끼지만 이내 VTS의 효과에 의문을 품게 될 것이다. 특히 직접교수법이 일반적으로 사용되는 현재의 상황에서는 더욱 그렇다. VTS는 직접교수법의 한계를 보완해주는 효과적인 대안이지만 VTS가 어떻게 작동하는지를 완전히 이해하기 위해서는 아직도 시간이 필요하다. VTS의 효과는 오랜 시간에 걸쳐 점진적으로 나타나며 이마저도 활동이 끝난 후 주의 깊게 돌아볼 때에야 발견할 수 있기 때문이다.

따라서 수업이 끝난 후 자문하는 습관을 가지는 게 좋다. "나는 왜 그런 실수를 저질렀을까?", "내가 왜 정보를 더 제공해서는 안 되는 걸까?",

"헤매고 있는 아이들을 보다 직접적으로 도와줄 수 있는 질문을 하면 안 되는 걸까? 그렇다면 이 수업에는 흥미를 느끼는 것 이상의 의미가 있을까?" 등과 같이 말이다. VTS의 실행 방법을 배우고 보고하는 동안에는 당연히 여러 문제에 직면할 수밖에 없다. 그럼에도 많은 이들이 VTS 트레이닝을 받고자 하는 것은 경험이 축적됨에 따라 질문에 대한 답을 찾아나갈 수 있기 때문이다.

트레이너는 일 년에 두 차례 코티칭 및 일대일 코칭을 제공하기 위해 교실을 방문한다. 트레이너와 교사 모두 한두 차례 정도 VTS 토의를 진행하며 서로의 수업을 관찰한다. 이러한 과정에서 교사가 학생들에게 어떠한 영향을 미치는지에 대해 살펴볼 수 있다. 수업 직후에는 미니 코칭이 이루어진다. 서로의 수업에 관해 피드백한 후 이를 바탕으로 어떠한 노력을 더 기울여야 하는지 생각하기 위해서다.

VTS 협회는 온라인에서 단계별로 적합한 질문을 제공한다. 이는 수업을 되돌아보고 그 내용을 시기별로 정리하기 위함이다. 교사들은 웹사이트에 자신의 VTS 경험을 기록하며 그 발전 양상을 살펴볼 수 있고, VTS를 실행하는 다른 교사와 소통할 수 있다.

웹사이트에는 다양한 정보와 자주 질문하는 것에 대한 답변, VTS에 관한 연구 보고서 등이 업로드되어 있다. 서로의 아이디어와 경험을 나눌 수 있으며, VTS 트레이너들에게 메일을 보내 의견을 구할 수도 있다.

요약

VTS에서 교사의 역할

VTS는 동료들과 함께 고민할 때 가장 효과적으로 이해할 수 있다. VTS 전문성 개발 과정은 수업 내용을 풍부하게 할 뿐만 아니라, 교사들이 VTS의 원리를 이해할 수 있도록 해준다. 학생들이 이미지 토의를 통해 새로운 언어를 사용하고 사고 과정을 발전시킬 수 있었던 것처럼 말이다. 우리가 20년간 발전시켜온 트레이닝의 핵심은 교사들이 알고 있는 것을 활용하여 VTS에 대한 의문을 해소하도록 하는 것이다.

더 나아가, VTS 트레이닝은 한 발짝 물러나 수업을 객관적으로 살펴보게 한다. VTS 실행 방법을 배우며 모두가 학생들을 관찰하고 그들의 행동을 분석하며 그 의미를 고민하는, 마리온 바전트나 크레이그 매디슨과 같은 현장 연구자가 될 수 있다.

학생들이 잠재력을 얼마나 잘 발휘할 수 있느냐는 교사가 VTS를 얼마나 능숙하게 활용하는가에 달려 있다. 앞서 소개한 6학년 교사인 레이철 젠더는 교사의 역량이 VTS의 효과를 결정한다고 확신한다. 그는 교사에게 요구되는 가장 중요한 능력으로 경청을 꼽았다. "정해진 수업을 따라야 하는 교사에게는 어려운 일이지만, VTS를 실행하기 위해서는 경청하는 모습을 보여주어야 합니다. 질문을 기억하면 쉽게 경청할 수 있습니다. 스스로 경청하고 있다는 사실을 인식하면 학생들의 말을 보다 주의 깊게 듣고 신중하게 바꾸어 말하게 됩니다."

린다 스가노는 스포캔에서 4학년을 가르친다. 그는 30년 넘게 교직 생활을 했고, 그중 10년은 ELL 학생에게 영어를 가르쳤다. VTS를 활용하며 린다는 수업 내용이 학생의 행동에 직접적으로 영향을 미친다는 사실을 깨닫게 되었다. 학생들에게 근거를 제시하는 습관을 심어주기 위해 VTS의 두 번째 질문을 반복하며 그 또한 근거를 묻는 습관을 갖게 되었고, 다른 과목을 가르칠 때도 이를 활용하게 되었기 때문이다. 근거를 제시하는 습관을 강조하는 린다의 학교에서는 VTS 방식을 일상적으로 수학을 포함한 여러 수업에 적용하고, 익숙한 VTS 표현은 학생들이 더 깊게 사고할 수 있도록 돕는다.

바꾸어 말하기에 익숙해지면 학생들은 스스로 자신의 생각을 검토하고 새로운 예시를 생각해낸다. 이와 같이 습관적으로 스스로 무엇을 이해했는지 보여주는 것은 공통핵심기준이 요구하는 필수적인 자질이기도 하다. 린다는 VTS 전문성 개발 과정에 참여해 바꾸어 말하기를 지속적으로 연습하며 교사들이 서로를 존중하면서도 말하고자 하는 바를 명확히 표현하게 되었다고 이야기한다. 이렇듯 VTS는 교사와 학생 모두에게 긍정적인 영향을 미친다. 교사는 동료와 이전보다 원활하게 소통할 수 있고 학생은 교사가 자신의 이야기를 바꾸어 말하고 다른 친구들이 이에 반응하는 것을 들으며 인정받는다고 느낄 수 있다.

많은 교사가 내가 오랫동안 수많은 트레이닝을 진행하며 느낀 효과에 공감할 것이다. 교사들은 언제든 VTS를 활용할 수 있으나, 능숙하게 활용하기 위해서는 특히 동료들로부터 많은 도움을 받아야 한다. VTS의 실행 방법을 연습하며 학생들이 무한한 잠재력을 실현하도록 도울 수 있을 뿐만 아니라 교사 스스로도 성장할 수 있다. 교사는 사고가 어떻게 언어로 이어지는지 파악하고 학생 개개인을 깊이 있게 이해함으로써 그들이 목표를 이루도록 도울 수 있게 된다.

모든 것은 당신의 선택에 달려 있다. 이제껏 내가 이야기한 것은 VTS에 관한 나의 경험이다. 이 책은 교사들의 목소리로 여러 발견을 공유하기에 어느 정도는 다른 사람들의 경험에 의존해서 쓰였다. 따라서 VTS를 자신의 것으로 만들기 위해서는 적극적으로 다양한 VTS 경험을 받아들이는 한편 각자의 예시와 단어를 만들 수 있는 고유한 필터를 마련해야 한다. VTS의 타당성을 입증하는 근거가 무수히 많을지언정 당신은 늘 의심하는 자세를 취해야 한다. VTS가 정말 나에게도 효과가 있을까? 만약 그렇다면 어떻게 나의 언어로 바꿀 수 있을까? 나는 다른 사람들에게 이것을 어떻게 설명할 수 있을까?

VTS에 대해 깊이 있게 고민하며 그 효과를 확신하게 된다면 당신은 이를 다른 과목에도 적용하고 글쓰기를 학생들의 사고력을 평가하는 도구로 사용하게 될 것이다. 이는 우리를 공통핵심기준이라는 목표로 한 발 더 나아가게 한다.

7장

새로운 시대에 필요한 효과적인 교육법

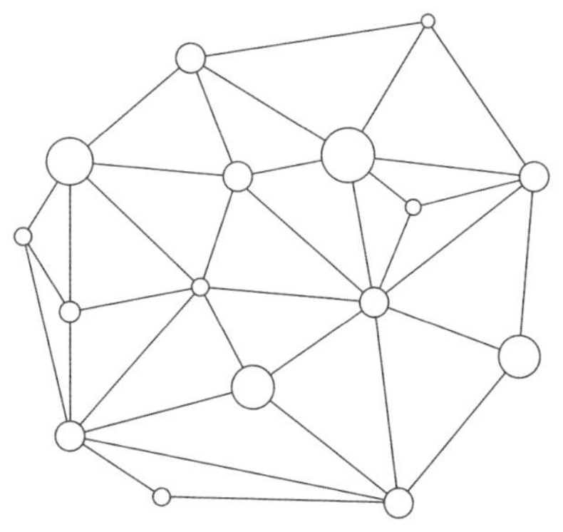

교사와 학생 모두 현재의 교육 시스템을 넘어서는 뛰어난 성과를 거둘 수 있다. 모든 교사가 이에 동의할 것이다. 머지않아 기존의 표준화된 시험보다 공정하고 포괄적으로 학생의 수행도를 평가할 수 있는 다양한 평가 방식이 등장할 것이다. 더불어 정해진 교육과정을 따를 것을 강요하기보다 다양한 교육 방법을 수용하게 될 것이다. 우리 모두가 노력이나 자신감이 부족해 잠재력을 다 발휘하지 못한 학생을 최선으로 이끌 수 있는 유능한 교사가 되리라 믿는다.

VTS는 초점을 교사가 아닌 교육 방법에 맞춘다. 아무리 유능한 교사라고 할지라도 좋지 않은 경제 사정과 같은 다양한 문제를 안고 있는 모든 학생을 돕기란 어렵다. 이때 VTS를 효과적인 교육 방법으로 활용할 수 있다. 촉진 과정에 익숙해지면 VTS를 다양한 수업에 적용할 수 있다. 학생들 또한 일 년 동안 열 차례의 이미지 수업을 들으며 습득한 사고력을 집단 활동에 적절하게 활용하며 무리 없이 적응한다. 이렇듯 VTS로 직접교수법의 한계를 보완하고 교육 정책이 강조하는 많은 기준을 충족할 수 있다. VTS는 특히 고도의 이해력과 근거를 요구하는 문제에 유용하다. 공통핵심기준이 현재의 평가 방식을 보완하게 됨에 따라 VTS는 더 강력한 힘을 발휘하게 될 것이다. 물론 VTS의 효과는 이러한 가시적인 성과에만 국한되지는 않는다.

무엇보다 VTS는 학생들이 최선의 자아로 성장할 수 있도록 돕는다. VTS를 활용하면 기존의 교육과정과 편협한 표준화 시험의 초점 밖에 있던 학생들에게도 다가갈 수 있다. 단지 시작이 늦거나 약간의 자극이 부족했다는 이유만으로 관심 밖에 있었던 학생들은 주변에서 쉽게 찾아볼 수 있다.

이번 장은 기존의 관습에 맞서 변화를 촉구하고 새로운 방안을 마련해야 하는 교사의 역할과 책임에 대해 말하고자 한다. 많은 교사와 학생이 뛰어난 기량을 펼칠 수 있도록 더 많은 이의 동의를 이끌어주길 바란다.

이제껏 VTS의 효과를 설명하기 위해 VTS를 인지적인 관점에서 살펴보았다. 이번 장에서는 존 듀이와 제롬 브루너의 교육학 이론을 바탕으로 VTS를 논하고자 한다. 즉, 다른 사람은 조력자일 뿐 학습자만이 스스로를 학습으로 이끌 수 있다는 일반적 상식의 측면에서 말이다.

지금까지의 교육은 성공적이었는가

1950년대 말, 내가 초등학생이었을 때 우리는 수업 시간에 『딕과 제인*Dick and Jane*』* 을 소리 내어 읽었고 해마다 여러 과목의 교과서를 받았다. 선생님은 지도서를 바탕으로 학생들이 얼마나 정확하게 덧셈과 뺄셈, 곱셈을 하며 얼마나 잘 읽고 쓰는지를 평가했다. 정해진 기준에 따라 성적표를 작성했으며, 학업 성취도뿐만 아니라 학생들의 행동을 완곡하게 표현한 항목인 사회성 역시 평가의 대상이었다. 최선을 다하지 않거나 문제를 일으키면 부모에게 연락이 간다는 것을 모든 학생이 알고 있었다.

도심에 사는 아이들은 중서부 시골 마을에 사는 우리와 상황이 달랐을 수 있다. 하지만 대부분의 학생들은 그들에게 요구되는 일반적인 행동 지침을 인식하고 있었으며, 학교와 집에서 거의 대부분 그대로 행동했다. 학생이 기대에 미치지 못할지라도 이것이 교사의 책임은 아니었다.

우리는 이와 같은 20세기 중반의 교육과정을 거쳐 대학을 비롯한 상급

* 윌리엄 그레이(William S. Gray)와 제르나 샤프(Zerna Sharp)가 쓴 어린이 동화책으로 1930년대부터 1970년대까지 미국에서 아이에게 영어를 가르치기 위해 사용했다.

학교에 진학하거나 특정한 직업을 가지게 되었다. 결국 우리 세대는 이후 수십 년 동안 급격하게 변화한 사회에 제대로 적응할 수 없었으며 환경 오염과 기후 변화와 같은 문제에도 적절하게 대응하지 못했다.

앨빈 토플러는 1970년대에 『미래의 충격*Future Shock*』[1]을 발표해 당시의 교육 모델이 산업화 사회에는 적합했을지 모르나 다가올 사회에는 그렇지 않다고 지적했다. 당시의 교육은 약속된 절차와 신호에 의해 반복적인 업무를 수행하는 공장에는 적합했지만 산업화 이후의 기술 변화와 혁신 등에는 제대로 대비하지 못했다. 토플러에 따르면 "21세기 문맹은 읽고 쓰지 못하는 사람이 아니라 배우고run 잊어버리고unlearn 다시 배우는relearn 능력이 없는 사람이다."

토플러의 말은 아마도 절반만 진실이라고 할 수 있을 것이다. 왜냐하면 성공하기 위해서는 오늘날에도 여전히 읽기와 쓰기 능력이 필수적이기 때문이다. 문제는 교육자들이 나머지 절반의 "진실", 변화하는 정보와 새로운 기회에 잘 적응하도록 가르쳐야 한다는 요구를 다루기 어렵다는 것이다. 새로운 환경에 적응하기 위해서는 특정 기술이나 지식 이상의 것이 필요하다. 다시 말해 학습하는 방법을 배워야 한다.

토플러는 교육에 변화가 필요하다는 사회적 합의를 이끌었고 교육을 재편성하고 수정해야 한다는 화두를 던졌으나 이를 실현하기 위한 구체적인 전략을 제시하지는 않았다. 새로운 교육 방법을 제안한 급진적인 비평가들 역시 교육 시스템에 별다른 영향을 주지 못했다. 이들이 내세운 해결책은 여러 가지 이유로 실패했다. 그 효과가 충분히 검증되지 못했거나 광범위하게 적용하는 데는 무리가 있었으며 구체적인 실천 방법이 불명확했기 때문이다. 교육은 제자리에 머물러 있는 한편 사회가 요구하는 역량과 학생들의 수행 능력 사이의 간격은 더욱 벌어졌다. 결과적으로 대학교와 고용주 모두 학습과 업무 적합성을 위한 준비가 미흡하다고 걱정하기에 이르렀다.

1980년대에 교육에 관한 우려가 증가한 것은 부분적으로 1983년 로널드 레이건 대통령 정부하에 나온 「위기의 국가*A Nation at Risk*」 보고서의 영향이다. 보고서는 모든 사람이 교육받을 권리가 있다고 주장하지만 사실상 평등한 기회보다는 교육의 질에 관한 논의에 초점을 맞추고 있다.

위 보고서의 핵심은 다른 선진국의 학생들과 비교할 때 미국 학생들의 능력이 현저히 떨어지고 있다는 것이다. 보고서는 다음과 같은 문장으로 시작된다. "우리나라는 위기에 처해 있다. 우리가 한때 의심의 여지없이 우위에 있었던 무역, 산업, 과학, 기술 혁신 분야는 세계의 경쟁자들에게 추월당했다."[2] 이는 특히 중등 교육의 질을 냉혹하게 비판하고 있다. 이 보고서는 30년 전에 작성된 것이지만 이는 오늘날에도 전혀 낯선 이야기는 아니다.

성취기준에 관한 논의는 우리 대부분이 동의하는 가치를 바탕으로 한다. 즉, 성취기준은 모든 학생이 성공할 수 있도록 초등부터 중등에 이르는 교육과정이 동등한 기회를 제공해야 한다는 사회적 합의로부터 나온 것이다. 형평성에 대한 열망과 이를 실현하려는 조치는 계속 있어왔으나 수십 년간의 통계는 계층에 따른 불평등이 여전히 해결되지 않고 있음을 보여준다. 이러한 결과에는 여러 요인이 복합적으로 얽혀 있겠지만 가장 결정적인 문제는 경제적 박탈일 것이다. 가난한 가정의 어린이는 제대로 준비되지 못한 상태로 학교에 입학해 학습 속도를 맞추는 데 어려움을 겪는다. 가정에서 영어를 사용하지 않아 영어를 제대로 익히지 못한 수많은 학생들도 마찬가지다. 텍사스주의 한 부교육감은 이에 관해 "우리 아이들은 두 가지 언어에 있어 문맹이다"라고 말한 적이 있다. 교육을 제대로 받지 못한 부모는 자녀들의 학업을 도와줄 수 없다. 행정적 변화, 일관성 없는 정책, 재정 삭감, 가혹한 인종 차별, 이로 인한 의욕 저하 역시 평등한 교육을 가로막는 또 다른 요인일 것이다.

모든 계층은 평등하게 교육받을 수 있어야 한다. 교사는 그 누구보다도 학생들이 성공적으로 학업을 수행하기를 바라며 더 나아가 나중에 일하게 될 직장의 요구 사항을 충족하기를 원할 것이다. 하지만 경쟁의 장이 평등하지 않은 상태에서 교육과정의 표준화를 기대할 수는 없으며 획일적인 접근은 복잡다단한 문제의 적절한 해결책이 아니다. 이미 대부분의 교사가 학생의 개별적인 차이를 고려하지 않은 획일적인 성취기준의 문제점을 인식하고 있다. 다뤄야 하는 자료의 양이나 발달에 대한 고려가 선행되지 않은 성취기준은 처음부터 불가능한 목표이며, 이미 심하게 뒤쳐진 학생은 평이한 수준에조차 이르지 못한다.

주 단위의 평가가 일반적이었던 1990년대에 성취도에 대한 통계는 많은 이들의 경각심을 불러일으켰다. 특히 도시에 위치한 학교의 졸업률은 실망스러웠고, 중산층이나 빈곤층 및 소수 집단 학생을 가르치는 학교 간의 성취도 차이가 뚜렷하게 나타났다. 다행히도 지난 몇 년간의 통계는 열악한 교육 환경에 처한 학생들에 대한 지원이 긍정적인 효과를 가져왔음을 보여주나, 그럼에도 여전히 많은 학생이 기본적인 능력이 부족한 상태로 학업을 이어가고 있으며 심한 경우에는 학업을 포기한다.

이와 관련하여 사회적 경종을 울린 사건이 있었다. 2010년 12월 교육기금은 "육군 지원자가 입대할 수 있는 자격이 되는지를 평가하는 육군복무직업적성검사Armed Services Vocational Aptitude Battery, ASVAB를 분석한 결과, 최근 고등학교를 졸업한 학생들 중 특히 유색 청년이 미국 육군에 입대하기 위해 필요한 수학, 독해, 과학, 문제 해결 능력을 거의 지니지 못하고 있다"[3]고 보고했다. 이 보고서에 따르면 최근 고등학교 졸업자 중 23퍼센트는 육군에 입대하기 위한 최소한의 점수조차 획득하지 못했고 유색 인종의 경우 문제가 더욱 심각했다. 군 입대를 위한 최소한의 요건도 충족하지 못하는데 어떻게 연구를 수행하거나 신기술 관련 직업에 종사할 수 있겠는가?

지난 수년 동안 공립 학교에 관한 정치권의 관심은 계속 변화해왔으나, 입법자들은 계속해서 1930년대에 시작된 시민 권리 운동의 성취에 초점을 맞추고 있다. 1954년, 법원은 마침내 여론을 수렴해 인종을 격리하는 학교 교육이 공평하지 않다고 판결했다. 반면 도시에 살던 중산층이 교외로 떠나며 도심에 가난한 사람들과 이민자들이 모여들었고, 도시는 점점 더 빈곤해졌다. 모든 젊은이에게 공정하고 효율적이며 평등한 교육을 제공해야 한다는 논의는 정치적인 문제로 발전했다.

성취도의 차이는 타고난 것이 아니라 사회적인 결함으로 인한 것이다. 가난한 학생의 부모는 대부분 가난 속에서 자랐으며 어떤 부모는 다른 나라에서 자라기도 했다. 이러한 환경에서 성장한 부모는 학업을 중도에 포기했거나 낮은 학업 능력을 가지고 있다. 더불어 이들은 자녀의 학업에 필요한 것을 제대로 마련해주기 어렵다. 어느 집에나 있는 책과 같은 교육 자료가 부족할 뿐만 아니라 학습 준비가 부족하다는 사실조차 인식하지 못하는 경우가 많다. 나의 손녀인 윌라의 유치원 선생님은 대부분의 부모가 학교에서 무엇을 가르치는지 알지 못하며, 따라서 유치원에서 내주는 숙제는 부모를 가르치기 위한 것이라고 말한 적이 있다. 아이들은 어릴 적 우리 모두가 그랬던 것처럼 수업을 시작할 준비가 되어 있지 않다. 때로는 줄을 맞추어 앉아 교과서를 펴고 수업에 참여하는 것에도 어려움을 느낀다. 실제로 가난이 인지적 손상을 유발하기도 하지만, 빈곤한 아이들을 실패하게 하는 가장 큰 요인은 바로 아이들이 학교에서 요구하는 것들을 하기 위한 준비가 되어 있지 않다는 점이다. 실제로 뉴욕주의 한 유치원 선생님은 일반적으로 유치원생은 5개의 문장을 쓸 수 있어야 하지만 그렇게 할 수 있는 다섯 살 어린이는 극소수라고 말해주었다.

우리는 사회 구성원으로서 가난으로 인한 불이익을 상쇄하기 위한 노력을 거의 하지 않았다. 유아 복지와 교육 시설이 얼마나 부족한지 살펴보기만 해도 우리가 불평등에 얼마나 관심을 갖지 않았는지 알 수 있다. 퍼스트 파이브 캘리포니아First 5 California에 따르면 헤드 스타트Head Start가 지원하는 아이들은 캘리포니아주의 5세 이하 저소득층 아이들 중 약 20퍼센트에 불과하다고 한다. 주 정부 기금으로 운영되는 퍼스트 파이브가 관리하는 캘리포니아주에 거주하는 아이들의 수는 연방 정부가 지원하는 전국 아이들의 수와 일치한다. 이 글을 쓰고 있는 순간에도 예산이 줄어들고 있기 때문에 지원을 받는 아이들은 앞으로 계속해서 줄어들 것이다.

대중의 관심이 여느 때보다 절실한 시점이다. 2008년 불황이 시작된 이후로 교육 및 사회 복지 예산이 계속해서 삭감되고 있으며 앞으로도 줄어들 것으로 예상된다. 이와 같은 문제는 2013년에 예산 자동 삭감이 발효된 이후 더욱 심각해지고 있다. 그리고 이제껏 교육 정책은 문제를 해결하기 위해 교육 방법을 검토하기보다는 형식적인 기준을 마련해 교육과정을 표준화하는 데 급급했다.

따라서 교육과 관련한 견해는 대부분 비관적이다. 교육 예산은 합의에 도달한 적이 거의 없다. 너무 많은 아이들이 그다지 어렵지 않은 교과 학습에서도 성취기준에 도달하지 못하고 우수한 학생 또한 그 이상의 자극을 받지 못한다. 성취도가 갈수록 낮아지는 현상을 두고 교사에 대한 비난은 심화되는 한편 실패를 초래하는 사회적 환경은 개선되기는커녕 악화되기만 한다. 학교장은 실질적으로 거의 도움을 주지 않으며 교사들의 사기는 완전히 바닥에 떨어져 있다. 학교와 교사는 자신의 통제 범위를 넘어서는 것을 수행할 것을 요구받는다. 교육과 거리가 먼 사람들이 교육 정책을 제안하며, 이들은 자신이 교사들의 수행도를 평가할 수 있다고 생각한다. 합리적인 비판은 무시당하고 교사들의 의견 또한 거의 받아들여지지 않는다. 우리 교사들은 형편없는 대우를 받아왔다. 이처럼 힘든 상황에서 우리는 무엇을 할 수 있을까? 우리 자신이, 교실이, 그리고 학교는 이러한 문제에 당면하여 무엇을 감수해야 할까? 모두가 힘을 모아 학생들의 의욕을 불러일으킬 만한 성취기준을 마련한다면 지금의 위기를 기회로 바꿀 수 있지 않을까?

모두가 지식을 구성할 수 있다

보는 것과 궁금증을 가지는 것은 매우 강력한 본능이다. 어린아이의 호기심은 끝이 없고 막을 수도 없다. 주변을 관찰해 언어를 발달시키는 기술은 인간의 가장 놀라운 능력 중 하나다. 학교에 입학할 즈음이 되면 대부분의 아이들은 언어와 함께 감각적 지각을 예리하게 발전시켜 이를 학습에 활용한다.

아이들의 이러한 경이로운 능력은 가르쳐주지 않아도 유아기 때부터 자연스럽게 발현된다. 물론 부모나 어른들이 세심하게 아이들에게 적절한 경험과 기회를 제공하고, 아이들이 관심을 갖는 대상의 이름을 말해줌으로써 발달에 상당한 도움을 주기도 한다. 하지만 어디까지나 학습의 주체는 바로 아이들 자신이다. 아이들은 걷고 말하고 밥을 먹고 가위와 물감을 사용하고 글을 읽고 철자를 쓰는 법을 스스로 배운다. 우리는 단지 적절한 기회를 제공하고 아이들의 탐구 과정을 보조하는 역할에 머무를 뿐이다. 우리는 그들에게 필요한 것을 제공할 뿐, 실제 학습 활동을 하는 것은 바로 아이들이다.

아이러니하게도 가정과 학교는 아이들이 놀라운 인지 능력을 가지고 있다는 점은 인정하지만 학습에 있어 아이들의 역할이 필수적이라는 사실은 제대로 자각하지 못한다. 교사와 부모는 아이들이 꽤 자랄 때까지 무엇을 해야 하고 어떤 옷을 입어야 하며 어떻게 배워야 하는지를 설명하는 데 많은 시간을 소비한다. 어른들은 아이들에게 책을 읽어줄 때 글자를 따라가기에 급급한 나머지 삽화에 대해서는 피상적으로만 언급하고 빠르게 책장을 넘긴다. 한때 유치원은 아이들이 적절한 통제 아래 자유롭게 활동하고, 여러 놀이를 하며 시간을 보낼 수 있는 열린 탐험의 공간이었다. 하지만 지금의 유치원은 구체적인 행동 규범 아래 철자와 셈하기와 같은 학습에 치중하며 사실상 거의 모든 활동이 교사의 지시에 따라 이루어진다.

사실 이는 어쩔 수 없는 일이다. 우리는 아이들이 다가올 시험에 대비할 수 있도록 읽기를 가르쳐야 하기 때문이다. 하지만 암기는 아이들의 정교한 시각적 능력을 적절하게 이용하는 방법이 아니다. 우리는 그보다 아이들에게 시각과 사고의 연결을 이용해 이야기를 이해하고 이를 그들의 언어로 표현할 수 있는 기회를 줘야 한다. 이러한 과정을 거쳐 자연스럽게 획득한 유창성은 읽기에 도움이 되며, 이는 직접교수법을 통한 신속한 학습보다 더 효과가 있을 것이다.

아이들의 뇌는 매우 정교하게 얽혀 이미 훌륭하게 작동하고 있다. 따라서 이와 같은 아이들의 타고난 능력을 이용할 수 있는 방법을 고민하는 것이 좋다.

- 어떻게 해야 아이들이 단순히 직감을 따르는 단계에서 나아가 그들의 관찰 능력을 적절한 방식으로 활용하게 할 수 있을까?
- 어떻게 해야 아이들이 본 것을 분류하고 깊이 생각해 적절히 활용할 수

있도록 도울 수 있을까?

- 어떻게 해야 아이들이 타고난 능력을 바탕으로 학습할 수 있다는 사실을 깨닫게 할 수 있을까?
- 어떻게 해야 이러한 기술을 활용하여 다른 역량 또한 발전시키도록 지도할 수 있을까?

위의 질문에 대한 답은 다음과 같다.

- 아이들이 계속 관찰할 수 있도록 하라.
- 그리고 아이들이 자기가 보고 있는 것에 관하여 이야기하도록 하라.

다시 말해서, 보고 듣고 말하는 순환 과정을 이어가도록 해야 한다. 이는 아이들의 타고난 능력이지만 엄격하게 규제하면 숨어버린다. 그림을 주의 깊게 살펴보게 하거나 식물의 성장, 변화하는 달의 모양, 도로 위의 개미와 같은 다양한 자연 현상을 관찰하게 하여 아이들의 능력을 키워줘야 한다. 더불어 이것이 언어와 사고 기술의 발달로 이어질 수 있도록 그들이 관심을 갖는 대상을 말로 표현하게 해야 한다. 이러한 능력을 바탕으로 읽기와 수학 학습을 위한 토대를 다지고 더 높은 수준으로 올라갈 수 있다. 6학년 학생인 캐롤 헨더슨은 처음에는 이미지에 관해 토의하는 과정이 도대체 무슨 의미를 지니는지 몰랐지만, 어느 정도 대화가 진행되면 뇌가 활성화되고 그럴듯한 생각이 떠오른다고 말해주었다.

인류는 아주 오랫동안 인간이 경험하며 배운다고 생각해왔다. 구세대의 기술과 지식은 견습 과정을 통해 후대로 전해졌다. 의학과 건축 분야에서는 이와 같은 후학 양성이 여전히 일반적인 방식이다. 제자는 스승의 가르침에 따라 기술을 연마하며, 필요할 때에는 스승에게 도움을 청한다.

이와 같이 세대 간에 전해지는 가르침은 전문적인 훈련 이상으로 중요한 학습의 방법이었다. 인간은 학습을 통해 씨를 뿌리고 바느질을 하고 요리를 하고 자녀를 양육하며 건강을 지키고 환자들을 보살피는 법을 배울 수 있었다. 이러한 학습은 다른 사람의 행동을 보고 이를 따라하며 필요한 경우 수정하는 과정을 반복함으로써 이루어졌다. 우리는 자연을 직접 관찰하며 시간의 흐름을 배웠고 다양한 예시를 목격하며 관습을 배웠으며 어르신들의 이야기를 듣고 과거를 배웠다. 또한 직접 의식에 참여하며 절대적인 믿음을 가졌다. 우리는 구세대가 알려주는 삶의 경험을 통해 문제를 해결하는 방법을 배웠다.

하지만 사회는 변했고 우리는 더 이상 과거의 방식을 고수할 필요가 없다. 오늘날 우리는 후대에 기꺼이 지식과 통찰력을 나누어 주었던 기성세대와 친밀하게 교류할 기회가 거의 없고 이들에게 가르침을 주곤 했던 자연과 동떨어진 삶을 살고 있다. 가정은 아이들에게 적합한지의 여부와 상관없이 교육의 상당 부분을 학교와 전문가에게 위탁한다. 이러한 기관은 아이들이 사회 구성원으로서 자리 잡기 위해 필요한 자질을 학습할 수 있도록 돕는다.

하지만 사회는 변했어도 학습자는 변하지 않았다. 유교의 영향을 받은 사상가 존 듀이는 인간이 어떻게 배우는가에 대해 매우 의미 있는 이론을 정립했다. 인간이 자기주도적인 활동을 통해 대상을 이해한다는 **구성주의**가 그것이다.

오늘날의 교육과정은 체험에 극히 한정된 시간을 할애한다. 시험에 대한 부담 때문에 많은 학교가 읽기나 쓰기, 수학에 초점을 두고 있으며 교사들은 직접 시범을 보이고 반복적으로 설명해 필수적인 내용을 가르칠 것을 요구받는다. 주요 과목에 대부분의 시간을 할당하느라 다른 과목은 남는 시간에야 겨우 가르칠 수 있다. 하지만 통계에 따르면 많은 아이들이 제대로 학습하지 못하거나 기존에 이해했다고 생각했던 것도 제대로 기억하지 못한다고 한다. 이러한 현상이 발생하는 원인은 무엇일까?

이는 우리가 모마에서 깨달은 것과 관련이 있다. 모마의 교육은 관람객의 발달 수준에 적합하지 않았다. 발달심리학자 피아제가 지적했듯 개인은 준비된 상태에서만 지식을 받아들일 수 있으며 비고츠키가 "근접발달영역"이라고 칭한 바 있는 한정된 영역 안에서만 배울 수 있다. 다리가 자전거의 페달에 닿지 않으면 바퀴를 굴릴 수 없는 것과 같은 이치다.

교육 분야에서 40년 넘게 일하면서 여러 나라의 수업을 관찰했고 다양한 글을 탐독했다. 그 결과 오늘날 교육이 요구하는 많은 부분은 아이들의 역량에 벗어나 있으며 아이들마다 준비된 정도가 다르다는 사실을 무시하고 있다는 결론을 내릴 수 있었다. 학습의 적절한 시기에 대해 다시 한번 생각해봐야 할 시점이다. 즉, 아이들에게 필요한 기술과 지식을 언제 가르칠 것인지 고민해봐야야 한다.

아이들의 발달에 관한 자료를 참고하여 학생들을 어떻게 지도할 것인지, 그리고 현실적으로 어느 정도의 성취 수준이 적절한지 생각해볼 필요가 있다. 게젤 연구소는 아이들에게 언제 무엇을 하도록 요구하는 것이 적절한지 논의하는 유아 학습의 시기에 관해 수년간 연구해왔다. 이 연구소는 아이들이 준비되어 있지 않다면 해당 과업을 제대로 수행할 수 없다고 전제한다. 인간의 뇌는 무리한 기대에 순응하도록 구조화되어 있지 않기 때문이다.[4]

발달적 변수와 더불어 성취를 제한하는 또 다른 이유는 본질적 동기, 더 정확히는 동기의 결핍 때문이다. 이전에 누군가 글을 읽어준 경험을 하지 못한 아이는 어린이집에서 읽기를 강요받고, 유치원에서 글을 쓸 것을 요구하면 혼란스러울 수밖에 없다. 이러한 아이들은 자신이 배워야 하는 것 중 대부분이 자신과 관련이 없다고 생각할 가능성이 높다. 가정에서 충분한 도움을 받은 아이가 그렇지 않은 아이에 비해 더 빨리 목표에 도달한다는 사실은 놀라운 일이 아니다.

학습에 필요한 요구 사항을 충족하는 것은 매우 광범위한 문제다. 빌 · 멀린다 게이츠 재단의 웹사이트[5]에는 다음과 같은 메시지가 게시되어 있다.

> 아이들은 정상적인 학습이 가능하도록 감정적, 사회적, 지적으로 준비된 상태로 유치원에 입학해야 한다. 만약 아이가 제대로 준비되지 못했거나 다른 기초적인 능력이 부족하다면 다른 아이들보다 뒤쳐진 상태에서 유치원 생활을 시작하게 될 것이며 이 차이는 절대 따라잡을 수 없다. 전문가들은 워싱턴주의 어린이 중 절반 이상이 학습을 위해 필요한 능력을 갖추지 못한 채 유치원에 입학한다고 추정하고 있다.

이는 지나치게 과장된 것도, 워싱턴주에만 국한된 문제도 아니다. 만약 아이가 색깔을 모른다면 그와 관련된 단어와 그 의미에 대해서도 놓치게 되는 것이다. 이는 글을 읽기 위해 필수적으로 이해해야 하는 것들이다. 아이가 지시를 따르는 방법을 모른 채 앉아만 있다면 수업에 집중해 철자나 발음을 배울 준비가 되어 있다고 생각할 수 없다. 오늘날 유아는 평가를 중시하는 교육 풍토에서 자라며, 이들에게 강요되는 성취기준이나 교육과정은 특히 읽기를 강조한다. 이는 어느 정도 학습에 준비가 된 아이들에게조차 역효과를 낳을 수 있다. 아이들은 놀이를 통해 배워야 하지만 우리는 학문적 기술을 강조하기 급급하다.

아이에게 배울 수 없는 것을 배우라고 강요하면 무슨 일이 일어나겠는가? 아이는 실패의 경험을 배우게 될 것이다. 배울 준비가 되어 있지 않아 알파벳을 습득하지 못하는 것은 아이의 잘못이 아니며, 아이가 그 과정에서 좌절한다면 문제를 더욱 악화시키는 것에 지나지 않는다. 생각보다 많은 유치원생과 1학년 학생이 자신이 기대에 미치지 못한다는 사실을 인식하고 있다. 나는 지난 2년간 윌라와 함께 학교를 다니는 에두아르도라는 아이를 지켜봤는데, 이 아이는 교육에 완전히 짓밟혔다. 아이의 지능이 아니라 일방적으로 강요되는 요구 사항이 문제였다. 에두아르도의 잠재력을 보다 포괄적으로 고려했다면 결과는 분명히 달라졌을 것이다.

우리는 왜 이러한 실수를 하게 될까? 열악한 환경에 처했어도 자신이 잘하는 활동을 배우는 데 활용할 수는 없을까? 윌라가 **악어**라는 단어를 배우게 된 것은 누군가가 단어 목록에 적어 놓았기 때문이 아니라 스스로 알고 싶어 했기 때문이었다. 관건은 연관성에 있다. 학습은 무턱대고 "행동하는" 문제가 아닌 끊임없이 쓸모 있는 것과 결합하는 행위다. 만약 에두아르도가 상대적으로 준비가 덜 된 상태로 학교에 왔더라도 교사가 조금 다르게 가르쳤다면 결점을 보완해줄 수 있었을 것이다. 실제로 마리온 바전트는 에두아르도와 비슷한 앨런이라는 학생에게서 긍정적인 결과를 이끌어냈다. 다른 학습 방법을 경험한 후 앨런은 수학 단원 평가에서 완벽에 가까운 점수를 얻었으며 학습에 어려움을 겪는 다른 학생 또한 비슷한 성과를 보이고 있다.

만약 공통핵심기준이 제시하는 기준에 부합하고 싶다면, 그리고 급변하는 사회에 맞추어 학생들을 준비시키고 싶다면 학습 환경을 아래와 같이 조성할 것을 제안한다.

- 가르치는 내용이 실생활에 의미가 있고 실질적으로 도움이 되는 것이어야 한다. 이를 통해 아이들은 삶에서 의미를 찾고 어려움을 극복해나가며 자신의 삶을 주도할 수 있다.
- 아이들이 그들에게 유의미한 방식으로 주변을 탐험하고 다른 사람과 상호작용하는 기술을 발전시킬 수 있도록 해야 한다.

- 공통핵심기준이 제시하는 필수 문해력의 개념을 확장해야 한다. 필수 문해력은 말하기, 듣기, 의사소통하기와 주체적으로 학습하며 다양한 자료를 해석하는 능력을 포함한다.
- 발달 단계에 적합한 목표를 제시해야 한다. 항상 학습자가 도달할 수 있는 범위 안에서 과제를 내주어야 한다.
- 서로 협력하여 문제를 해결할 수 있도록 또래학습을 실시해야 한다.
- 적절한 자료를 제시하고 규율을 정해줌으로써 학생이 스스로 현명하고 능력 있는 사람이라고 느낄 수 있도록 해야 한다.

위의 제안에서 보듯이, 효과적인 교육 방법은 학습을 위한 구조나 환경을 만드는 것에서부터 시작된다. 학생들이 다른 사람의 도움을 받아 이루어낸 적극적이고 창조적인 성취가 바로 진정한 학습이다. 이것이 바로 마리온과 크레이그, 트레이시 및 여러 교사가 학생들이 학습하도록 돕기 위해 실천하고 있는 것이다. 이들은 VTS와 그 구성주의적 접근 방식을 다른 수업에 적용함으로써 학습의 가능성을 보여주었다.

변화를 위해서는 우리가 옳다고 믿으며 고수하는 가치를 되돌아보아야 한다. 인간은 자신만의 지식과 기술을 구성해나갈 수 있다. 이는 모두가 동의하는 명제일 것이다. 더 나아가, 아이들 또한 배우기를 원하며 직접적으로 가르쳐주지 않아도 스스로 해낼 수 있다는 사실을 우리는 믿어야 한다. 흥미를 느끼고 동기가 부여되면 아이들은 열정을 가지고 주도적으로 학습을 시작하려 할 것이다. 아이들은 오로지 경험을 통해서만 배운다는 사실에 유념할 필요가 있다. 여기에서 "경험하기"란 전통적인 활동 외에도 생각하기와 말하기를 포함한다. 아이들이 아무리 어릴지라도 한 개인으로서 존중해야 하며, 적절한 지도 아래 합리적으로 선택하고 자신의 판단을 책임질 수 있도록 도와야 한다. 친구들로부터 배울 수 있는 기회를 주고, 필요할 때 알아서 어른에게 도움을 요청할 수 있도록 기다려 주어야 한다. 무엇보다 우리가 아이들을 정당하게 대한다면 아이들 또한 비판을 포함한 피드백을 받아들일 것이라는 사실을 인정해야 한다.

아버지이며 할아버지이자 교사, 그리고 연구원이자 연구 중독자로서 나는 직접 목격한 아이들의 본능적인 행동을 논리적으로 분석하고자 했다. 이는 선천적으로 장애를 가진 아이에게도 동일하게 적용된다. 아마 대부분의 부모와 교육자가 이러한 결과에 동의할 것이다. 하지만 우리는 집과 학교 모두에서 지나치게 계획적이다. 일과를 정해 과업을 할당하며 판단하고 제한하는 것에 너무 익숙해진 나머지 이러한 것들을 하지 않으면 무엇을 할 수 있을지 아무도 알지 못하는 지경에 이르렀다. 빈곤과 장애는 학생 개개인의 잠재력을 훼손하지 못한다. 단지 다른 방식으로 가르쳐야 하고 성취로 나아가는 과정이 조금 복잡해질 뿐이다.

이에 대해 어떻게 생각하는가?

학습의 평가에서 학습을 위한 평가로

2010년 여름, 여러 주지사가 모여 공통핵심기준협회를 조직해 연방 국가를 건설하기 위한 과정의 일환으로 공통핵심기준을 발표했다. 공통핵심기준의 핵심은 학습 목표와 성취도를 균등하게 하는 것으로, 앨빈 토플러의 제안보다 직접적으로 21세기의 요구에 부응하고자 한다. 현재 이를 이루기 위한 평가 방식 또한 개발되고 있는 중이다.

이 책에 소개된 교사들은 학습 장애가 있거나 가정 형편이 좋지 않고, 혹은 언어를 배우는 속도가 느린 학생도 조금만 다른 전략을 활용하면 충분히 문제를 개선하고 긍정적인 결과를 낳을 수 있음을 보여주었다. 이들 중 몇몇은 잠재력을 지닌 학생에게 적절한 통찰력과 경험을 제공해 멋진 글을 쓸 수 있도록 격려했다. 이를 통해 학생들은 성장할 수 있었다. 어떤 교사는 질문이나 활동, 평가의 방식을 보완했다. 모든 것은 구성주의적 관점에서 실행되었고 이를 바탕으로 하는 학습이 신뢰할 만한 것이라는 전제 아래 이루어졌다. 이는 대단한 성과이지만, 이 책에서 다룬 교사들은 우리와 같이 바쁜 삶을 사는 평범한 사람들이다. 다만 이들은 학생들을 가르치면서 마주하는 여러 문제를 해결하기 위해 VTS라는 새로운 방법을 사용하기로 결정했을 뿐이다.

공통핵심기준은 지금까지의 어떠한 기준보다 아이들의 실제적인 요구에 초점을 맞추는 한편 아이들에게 학교와 직장에서 성공할 수 있는 실질적인 방안을 가르칠 것을 촉구한다. 공통핵심기준은 전통적으로 우선시했던 기능뿐 아니라 광범위한 사고력과 시각적 문해력, 언어 구사와 듣기 등 다양한 역량을 아우른다. 공통핵심기준의 목표는 단지 수업에 충실하게 참여하게 하는 데 한정되지 않는다. 아이들은 이제 다양한 자료를 활용해 새로운 문제를 발견하며, 다른 사람들과 협력해 독창적인 해결책을 찾아나가야 한다. 즉, 공통핵심기준은 이 사회에서 잘 살아나갈 수 있는 포괄적인 능력을 요구한다.

다만 공통핵심기준은 이러한 새로운 목표에 도달하기 위한 교육 방법은 교사가 계획할 수 있도록 여지를 남겨두었다. 이제껏 새로운 교육 목표가 제시될 때마다 출판업자들은 이를 새로운 마케팅 기회라 생각하고 앞다투어 평가 방식과 교육과정을 만들어왔다. 이번에도 마찬가지일 것이다. 우리는 몇 세대에 걸쳐 출판사들이 제시한 교육과정을 따라왔지만 결과는 늘 기대를 배반했다. 그렇다면 이번에는 교사들이 새로운 도전에 직면해 다른 대안을 도모해야 하지 않을까?

공통핵심기준협회와 출판업계가 구체적인 방법을 제시하지 못하고 있는 지금이 바로 우리 교사들이 주도적으로 새로운 방안을 마련할 수 있는 기회일 것이다. "함께" 탐구하며 새로운 교육과정을 고민한다면 교육 정책에 영향을 미칠 수 있을 것이다. 현대의 소셜 미디어 환경을 고려할 때, 오늘날 "함께"라는 것은 널리 퍼질 수 있는 교사들의 집합적인 목소리다.

내가 이 책을 집필한 것은 이 시대의 교사들이 엄청난 압박을 받고 있다는 사실을 매우 잘 알고 있기 때문이다. VTS는 기본적으로 단지 열 차례의 수업으로 구성되어 있다. 이는 10회가 눈에 띄는 성장을 만들어 내기에 충분한 시간이며 되도록 수업에 할당하는 시간이 짧은 것이 좋기 때문이다. 국어, 수학 수업에 VTS를 적용하고 싶다면 기존의 수업 시간을 활용하면 되기에 별도의 시간을 들일 필요가 없다.

그러나 크레이그와 엘 베라노 학교가 독자적으로 만든 교육과정과 브라이언의 사회 수업, 캐롤의 "오늘의 이미지"나 트레이시의 "오늘의 시"는 보다 적극적으로 새로운 방식을 적용했다. 이들은 정해진 수업 시간 이외의 시간과 노력을 들였다. 학생들을 위하여 적절한 목표를 설정하고 이를 충족하기 위한 교수 전략을 고안했고, 동료와 함께 긍정적인 성과를 달성했다. 우리는 VTS 수업이 사고력과 언어 능력을 동시에 발달시키며 다른 어려운 수업도 흥미롭게 진행할 수 있게 하고 더 나아가 공통핵심기준의 요구 사항을 충족하는 것을 목격했다.

4장과 부록에서 기술한 평가 방식은 공통핵심기준을 도입하는 과정에서 교사의 책임이 무엇인지에 대한 예시가 될 수 있다. 교사는 학생들의 글을 분석하며 그들의 언어 능력뿐만 아니라 사고를 이해할 수 있다. 이를 위해서는 추가적인 시간을 들여 아이들을 만날 필요가 있다. 이는 학생과 새로운 방식으로 학생들의 생각을 깊이 있게 이해하려는 교사 모두에게 유용한 시간이다. 모든 생각은 글로 표현된다. 따라서 학생들에게 스스로의 생각을 인식하고 이를 더하거나 수정할 수 있는 통합적인 방법을 제공하는 것은 진학과 진로에 초점을 맞춘 공통핵심기준이 추구하는 기능을 충족시키도록 도와준다. 이 과정에 익숙해지면 변화의 구체적인 증거를 확보할 수 있을 것이며, 이는 양적인 평가의 대안이 될 수 있을 것이다. 이러한 측면에서 VTS는 아직 하나의 아이디어에 불과하지만 평가가 학생들에게 실질적으로 도움이 되어야 한다는 시대의 요구, 즉 "학습의 평가"에서 "학습을 위한 평가"로의 전환에 부합한다.

끊임없이 질문하기

우리는 중요한 변화의 한가운데에 서 있다. 우리는 크게 고민하지 않고 나아갈 방향을 쉽게 결정해서는 안 된다. 공통핵심기준에 대해, 그리고 이제껏 내가 말한 모든 내용에 대해 의심하라. 여러분의 교실에서 지금 일어나는 일을 의문을 가지고 관찰하라. 직접교수법이 교사와 학생들에게 요구하는 것이 무엇인지 생각하고 그 가치를 판단하라. 어떤 기준이 합리적이며 학생들을 위해 다양한 교과에서 어떠한 목표를 설정할 것인지 생각하라. 학생들의 각기 다른 조건을 고려하여 목표를 설정하라. 어떻게 해야 탁월한 재능을 가진 아이들이 최선의 방향으로 나아갈 수 있을지 고민하라. 공통핵심기준을 이해하기 위해 동료와 함께 이야기를 나누고 이를 당신의 지식이나 경험과 결합시켜라.

VTS는 우리에게 아이들이 친숙하고 가치 있다고 느낄 때 가장 잘 성취한다는 사실을 알려주었다. 아이들은 주변에서 무슨 일이 일어나고 있는지 이해하기 위해 시각을 활용하고 언어를 습득하기 위해 다른 사람들의 이야기를 들으며 보고 들은 것을 이해하는 과정에서 흥미를 느낀다. 이것이 바로 아이들의 능력을 발전시킬 수 있는 학습의 시작점이다.

미술 수업에 VTS를 적용한 후 이를 다른 수업에도 확장시킨다면 여러분은 이전에는 생각해본 적 없는 새로운 것을 발견하게 될 것이다. 나는 여러분이 동료 교사와 함께 이러한 경험을 해보기를 바란다. VTS는 분명히 아이들의 삶에 도움이 되는 실질적인 학습이며 즐거움을 가져다준다. 하지만 그럼에도 우리는 VTS와 그 효과에 끊임없이 질문을 던져야 한다. 계속해서 의문을 가지고 새로운 기준을 세워 이를 충족하고자 노력하는 것은 가치 있는 도전일 것이다.

부록

VTS를 실제로 해보고 싶다면

감상 기술과 이미지 토의에 관한 여러 연구 결과를 통해 VTS를 더 자세히 들여다볼 수 있다. VTS 웹사이트(http://vtshome.org/research)는 애비게일 하우젠의 미적 발달 이론과 연구 프로토콜에 관한 논문을 제공한다. 웹사이트에 게재된 논문은 12년간의 현장 학습을 통해 밝혀낸 것으로, VTS가 학생의 사고력에 미친 영향을 구체적으로 알려준다. 더불어 다년간에 걸친 두 개의 종단 연구와 다수의 소규모 연구를 소개한다.

웹사이트에서 VTS가 사고력 및 여러 역량에 미친 영향을 다룬 연구 결과물을 확인할 수 있다. 이 중에서 3년간의 연구 끝에 2005년에 완료된 성숙한 시민 프로젝트Artful Citizenship Project는 미국 교육부의 지원을 받아 플로리다 국제대학교의 울프소니언Wolfsonian 및 마이애미 데이드 카운티 공립학교와 협력하여 개발한 것이다. 이 프로젝트는 읽고 쓰는 시각적 능력과 학문적, 사회적 기술 사이의 관계를 이해하기 위해 시작되었다. 3년이 지날 무렵 시각적 사고력의 성장과 읽기 및 수학에서의 성취도 사이에 밀접한 관련이 있음이 증명되었다. VTS는 타인과 다른 의견에 대한 협력과 존중, 관용의 자세를 함양하게 했으며 특히 영어 실력이 부족한 학생들에게 효과적이었다. 연구를 통해 VTS가 시험을 대비할 수 있는 가장 좋은 방법이라는 결론을 내릴 수 있었다.

이사벨라 스튜어트 가드너 뮤지엄이 혁신 학습 연구소Institute for Learning Innovation와 공동으로 실시한 또 다른 연구는 연방 교육부의 보조금을 받아 2007년까지 3년 동안 진행되었다. 이 프로그램에 참여한 학생들은 통제 집단과 비교했을 때 보다 비판적으로 사고하는 모습을 보여주었다.

하버드 교육대학원은 뉴욕시의 학교에서 시각적 사고 커리큘럼Visual

Thinking Curriculum, VTC이라고 불리는 VTS 초안을 연구하는 프로젝트 제로를 진행했다. 프로젝트 제로 웹사이트에 기재된 주요 연구 결과는 다음과 같으며, 보다 자세한 내용은 웹사이트(http://www.pz.gse.havard.edu/moma.php)에서 확인할 수 있다.

- VTC는 미술작품의 해석에 있어 증거 기반 추론이 양적으로 증가하는 데 기여했다. 이는 과학과 관련된 비예술적인 이미지를 해석하는 데도 영향을 미쳤다.
- 학생들은 VTC를 통해 주관적이며 맥락적인 해석의 본질을 이해할 수 있게 되었다. 이는 증거 기반 추론을 통해 미술작품이나 과학적인 이미지의 의미를 맥락적으로 해석할 수 있게 되었음을 의미한다.
- 증거 기반 추론이라는 VTC의 효과는 성취도가 눈에 띄게 높거나 낮은 특수한 학생에게만 국한된 것은 아니다. 대부분의 학생이 VTC의 효과를 경험한다.

2장

교사들은 VTS를 촉진하는 여러 방법을 소개하는 웹사이트에서 도움을 받을 수 있을 것이다. 웹사이트는 학교 연수를 위한 정보(http://vtshome.org/training_2/for-school)와 개인을 위한 자료(http://vtshome.org/training_2/for-individuals)를 모두 수록한다. VTS 토의를 진행하는 절차는 다음과 같다.

1) 하우젠의 연구를 기반으로 심도 있는 고민 끝에 선정된 이미지를 보여준다. VTS 연구 결과를 기준으로 하며, 다음과 같은 요소를 포함하는 것이 이상적이다.

- 감상자가 관심 있어 하는 주제
- 감상자에게 익숙한 이미지
- 강력한 내러티브
- 감상자가 이해하기 쉬운 의미 요소
- 퍼즐을 푸는 것과 같은 복잡함과 애매모호함

2) 토의를 시작하기 전 조용히 바라볼 수 있는 약간의 시간을 제공하기

3) 동기를 부여하고 집중을 유도하기 위해 다음의 세 가지 질문을 활용하기

- 이 그림에서 무슨 일이 일어나고 있나요?
- 무엇을 보고 그렇게 말했나요?
- 또 무엇을 더 찾을 수 있나요?

4) 토의를 촉진하기

- 모든 학생의 이야기를 이해하기 위해 주의 깊게 듣기
- 학생이 관찰한 부분을 가리키며 "시각적으로 바꾸어 말하기"
- 학생들의 각각의 답변을 바꾸어 말하고, 이야기의 의미를 파악하는 데 충분히 시간을 할애한 후 다른 말로 표현해 학생에게 도움을 주는 한편 구체적인 반응을 보이기
- 학생의 의도하든 의도하지 않았든 모든 연관된 반응을 연결하기
- 모든 학생의 답변에 일관된 자세를 보이며 중립을 유지하기
- 학생들에게 참여에 대한 감사를 표현하며 마무리하기

VTS를 실행하는 학교에서는 1시간 남짓의 이미지 기반 토의를 유치원 때부터 1년에 10회 실시한다. 학생들이 시간이 지남에 따라 보다 복합적인 이미지를 다루고 다양한 매체에 익숙해질 수 있도록 시기에 따라 이

미지를 선별한다.

수업 계획이나 이미지 같은 구체적인 정보는 웹사이트(https://vtshome.org/subscriptions/)를 참조하길 바란다.

3장

VTS는 미술작품에 대한 토의로 시작한다. VTS를 통해 촉진된 사고력과 사회적 행동은 다른 교과에도 적용된다. VTS는 텍스트, 수학, 사회 그리고 과학 등 다양한 영역에 활용할 수 있다. 기본적으로는 2장에서 설명한 미술작품과 같은 순서와 방법을 따르나 세부적인 질문은 과목과 토의의 내용에 따라 변경될 수 있다. 이는 공식적으로 연구한 것은 아니지만 교사들이 실제로 수업을 하며 관찰한 실질적인 결과에 의한 것이다.

1) 텍스트에 적절한 질문

- 시/이야기/글에서 무슨 일이 일어나고 있나요?
- 어떤 글이나 단어를 읽고 그렇게 말했나요?
- 또 무엇을 더 찾을 수 있나요?

2) 수학에 적절한 질문

- 이 문제에서 무슨 일이 일어나고 있으며, 무엇을 물어보고 있나요?(또는 이 문제에서 무엇을 찾거나 알아내야 할까요?)
- 무엇을 읽거나 보고 그렇게 말했나요?
- 또 무엇을 더 찾을 수 있나요?
- 우리는 이 문제를 어떻게 풀 수 있을까요?
- 다른 해결책이 또 있을까요?

3) 다른 이미지(과학 또는 역사를 바탕으로 한 사진)에 적절한 질문

- VTS의 표준화된 질문에서 시작해 다음과 같은 질문을 추가적으로 할 수 있다.
- 여러분은 [예를 들어, 화석이나 그림자 등에 대해] 무엇을 알고 있나요?
- 우리는 [편지, 차트, 지도, 표 등]에서 무엇을 알아낼 수 있을까요?
- 무엇을 더 알고 싶나요?
- 이 질문에 대한 답을 어떻게 찾을 수 있을까요?
- 우리가 맞다는 것을 어떻게 확신할 수 있을까요?
- 그 밖에 우리는 무엇을 더 발견할 수 있을까요?
- 우리는 어떻게 해야 할까요?

위와 같은 여러 질문이 있지만, 이는 주제에 따라 달라질 것이며 개인이나, 짝 활동, 또는 그룹 프로젝트로 진행될 수 있을 것이다. 과목이나 수업의 목표에 따라 질문과 활동의 성격은 차이를 보이며, 교사와 학생 모두가 탐구하는 과정에서 목적에 따라 VTS 과정을 변용할 수 있다.

4장

학생들의 사고 기술은 성취기준의 핵심으로, 학생들을 이해하고 그들의 진가를 알아보게 해준다. 토의는 일회적이라는 속성을 지니기 때문에 VTS로 인한 학생의 성장과 발달을 기록하기 위해서는 글을 쓰게 하는 것이 좋다. 학생들의 글에서 변화의 구체적인 단서를 엿볼 수 있다. 이를 시행하기 위해서는 우선 VTS를 실시하기 전 모든 학생들의 글을 모으고, 아래의 절차를 시행한 후 학기 말에 다시 한번 글을 쓰게 해 두 글을 비교

해야 한다. 같은 그림을 활용하면 보다 명확하게 비교할 수 있다.

> 그림을 자세히 보세요. 본 것에 대해 주의 깊게 생각하세요.
> 스스로에게 질문하세요.
>
> - 이 그림에서는 무슨 일이 일어나고 있지?
> - 나는 무엇을 보고 그렇게 말했지?
> - 무엇을 더 찾을 수 있을까?
>
> 작성 시간은 15~20분입니다. 다른 사람이 여러분의 생각을 보다 쉽게 이해할 수 있도록 써봅시다. 여러분이 쓴 것을 꼼꼼히 읽은 후에 고쳐 쓰세요.

교사를 위한 VTS 웹사이트(http://vtsweb.org/vts-subcriptions)에서 글을 쓰는 데 필요한 이미지와 형식을 다운로드받을 수 있다. 학생들이 직접 쓴 글 역시 VTS 공공 사이트(http://vtshome.org/research)에서 열람할 수 있다.

학생들에게 여러 차례의 토의 후 글을 쓸 기회를 주고 각각의 글을 보관하는 것이 좋다. 이로써 교사와 학생 모두 사고에 대한 기록을 확보할 수 있고, 혼자 글쓰기를 할 때보다 더욱 발전할 수 있을 것이다. 교사는 학기말에 학생이 쓴 글을 총괄적으로 돌아볼 수도 있다.

학생의 사고 과정은 다음과 같이 분류될 수 있다.

- 관찰: 작고 단순한 것에서부터 보다 세밀하고 정교하게 나아가는 것
- 추론: 관찰로부터 이끌어낸 의미
- 근거: 추론을 뒷받침하기 위해 정확히 짚어낸 관찰로, 종종 단순히 "저는 이렇게 생각해요, 왜냐하면…"과 같은 형태로 표현된다.

- 추측: 여러 선택권을 고려하는 것으로, "그럴 수도 있다"라거나 "그럴지도 모른다" 등으로 의미를 단정하지 않고 다양한 해석을 허용하는 언어로 표현된다.
- 정교화: 다시 주제로 돌아와 세부 사항을 보충하는 것
- 수정: "처음에 저는 이렇게 생각했지만 이렇게 생각하게 되었어요"와 같이 말하는 것

만약 교사가 꽤 오랜 시간 VTS 수업을 해 이를 습관적으로 활용하게 된다면, 바꾸어 말하기와 연결하기를 통해 학생들이 어떻게 생각하는지 가늠할 수 있을 것이다. 교사는 학생의 이야기를 어떻게 바꾸어 말하고 다른 학생의 생각과 연결할지 고민하며 마치 학생들의 머릿속에 들어간 것처럼 그들이 어떻게 여러 정보를 알아채고 해석했는지를 추적하게 된다. 이 과정은 쉽지만은 않겠지만, 수업 후 메모를 작성한다는 등의 노력을 기울여 들은 것을 되돌아보며 이를 수업 전에 가졌던 기대치나 이전의 대화와 비교할 수 있을 것이다.

토의는 여러 정보에 대한 다양한 의견을 포함하고, 더불어 많은 학생이 돌아가며 이야기하기 때문에 개개인의 말을 모두 기억하기란 쉽지 않다. 들었던 것을 떠올리며 정확하게 재구성하는 것은 결코 쉬운 일이 아니다. 따라서 당신은 토의를 녹음하여 나중에 다시 들어볼 수도 있을 것이다. 특히 학생들의 노력과 스캐폴딩(학생이 어떻게 스캐폴딩하고 다른 학생의 스캐폴딩이 되어주는지)에 주의를 기울일 필요가 있다. 학생들에게서 목격할 수 있는 사고의 종류(관찰, 서술이나 추론, 근거 제시 등)에 대해서도 생각해 보는 것이 좋다.

웹사이트(http://vtsweb.org/vts-subcriptions)를 구독하면 학생들의 성장을 지속적으로 추적하는 데 도움이 될 것이다.

5장

모든 학생이 초등학교에 다니며 계속해서 언어 능력을 발전시킬 수 있고, 이러한 발전은 저소득층 아이들과 ELL 학생들에게서 더욱 두드러진다. VTS 토의는 이와 같이 모든 학생에게 도움을 줄 수 있다. 더 나아가, 교사는 학생들의 글쓰기를 적절하게 발달시킬 수 있도록 훈련받고 학생들이 사용한 어휘나 표현, 문법과 구문, 배열과 구조 등을 평가할 수 있다.

학생들이 이미지에 관해 토의하는 과정과 그 이후 이야기하고 쓰는 방식을 관찰하면 전통적인 평가보다 더욱 총괄적이고 깊이 있게 학생들의 언어 능력을 평가할 수 있다. 학생들의 말을 주의 깊게 듣고 바꾸어 말하며 교사는 이전에도 중시되었지만 분명하게 가르치거나 평가되지는 않았던 학생들의 말하기 능력을 적절하게 평가하게 된다.

학생들의 말에 주의를 기울이면 학생들의 생각과 표현 방식을 이해할 수 있다. 이 둘 사이에는 매우 강력한 상관관계가 있다. 예를 들어, 학생은 더욱 세밀한 관찰을 하게 됨에 따라 보다 정교한 수식어로 자신의 생각을 표현하려 한다. 추론이 양적, 질적인 측면에서 모두 증가할 때 학생들은 더욱 정확한 언어를 찾아 이를 전달하려 한다. 추론은 여러 증거로부터 추출되는 것이다. 학생은 다양한 측면에서 관찰하여 이들을 관련지으며 점차 복잡한 문장을 쓸 수 있게 된다.

이러한 변화는 하룻밤 사이에 일어나지 않으며 학생 개개인의 나이나 발달 단계, 능력에 영향을 받는다. 하지만 속도에 차이가 있을지언정 변화는 반드시 일어난다. 사고가 풍부해지면 언어는 이에 뒤따른다. 이러한 변화가 모든 학생에게 일어난다는 사실은 이미 여러 데이터를 통해 입증되었다. 미술작품에 한정하지 않더라도, 여러 종류의 이미지나 글 속 삽화, 혹은 글 그 자체에 대해 더 많이 토의할수록 학생들은 보다 긍정적인 영향을 받는다. (VTS 협회는 학년별로 활용할 수 있는 이미지 데이터 베이스를 구축하고 있다.) 많은 교사가 미술작품으로 VTS 수업을 진행하다 다른 수업에도 이를 적용하기 위해 새로운 질문과 촉진 방법을 찾는다. 학교에서 가르치는 많은 과목은 서로 어울려 다양한 측면에서 학생들의 호기심을 자극하고, 여러 주제를 탐구하게 하여 궁극적으로는 구성주의적 관점과 언어를 발달시킨다. 이러한 초기의 탐구 과정이 끝난 후 보다 직접적인 방식으로 학생들을 가르칠 수 있을 것이다. 중요한 것은 이러한 탐구가 과목 간의 경계를 넘어 학생들의 언어 능력을 발전시킨다는 점이다.

특히 영어가 모국어가 아닌 학생을 가르치는 교사는 학생들이 어떻게 듣는지 밝혀냄으로써 말하기 능력을 추적하는 메커니즘을 구축할 수 있을 것이다.

6장

이미지 토의를 진행하며 교사는 학생들이 수업에 적극적으로 참여하며 서로의 의견에 기꺼이 동의하고, 교사로서 학생에 대해 많은 것을 알게 될 수 있음에 기뻐할 것이다. 하지만 회의감이 들 수도 있다. 특히 "왜 나는 문제를 수정하거나 정보를 제공할 수 없을까?"라는 의문을 시시때때로 마주하게 된다. 당신은 그들을 통제할지 말지 고민하곤 하지만, 답은 간단하다. 지금은 바로 학생들이 스스로 활동해야 할 때인 것이다. 당신은 그들이 스스로 검토하고, 생각하고, 듣고, 토의하고, 의견을 형성하는 법을 배우도록 돕고 있다. 학생들은 스스로 배워야 하고, VTS는 학생들이 이를 해낼 수 있도록 하는 확실한 방법이다. 교사는 지시하는 대신 발견하도록 유도함으로써 학생들을 도울 수 있다.

교사는 토의를 진행하며 실질적인 문제에 직면하게 된다. 토의에서 발언권을 완전히 장악하려 하거나 끊임없이 주저하는 학생들을 다루는 일은 어려울 수 있다. 이를 해결하기 위해서는 다른 교사들에게 조언을 구하는 것이 좋다. 사실 공식적인 VTS 트레이닝의 대부분은 교사들이 수업을 하며 실질적으로 마주하는 문제에서부터 학습 과정을 이해하려는 시도까지 현실적인 이슈에 대한 논의에 기초한다.

앞서 언급했듯 VTS는 두 개의 웹사이트를 운영한다. 그중 하나는 가입 후 이용할 수 있는 것으로, 수업안, 이미지, 읽기 자료, 글쓰기 서식, 자기 점검을 위한 여러 질문, 다른 블로그나 네트워크의 링크 등 실용적인 자료를 포함한다.(http://vtshome.org/research) 웹사이트는 자주 묻는 질문에 대한 답도 탑재하고 있다. 예를 들어 "잘못된 답을 들었을 때에는 어떻게 해야 하나요?"에 대한 답변의 일부는 다음과 같다.

학생이 잘못된 답변을 할 때가 반드시 있겠지만, VTS에서는 이 또한 옳은 답변과 같은 방식으로 받아들이기를 권합니다. 이는 기존의 방식과 다르기 때문에 처음에는 실행하기 어려울 수도 있습니다. 하지만 "틀렸다"고 생각되는 답을 들었을 때에는 답변의 옳고 그름 자체보다 이면의 숨겨진 의미에 집중해보세요. 그것은 학생이 당신과 사물을 다르게 보고 있다는 사실을 의미할지도 모릅니다. 과정 중에 실수가 있을지라도 결과적으로는 올바른 답으로 나아갈 수도 있습니다. "잘못된" 답은 당신에게 학생들이 어떻게 생각하고 있는지를 알려줍니다.

VTS에서 중요한 것은 옳고 그름의 문제가 아니라 학생들이 자유롭게 탐험할 기회를 주는 것이라는 사실에 유념해야 합니다. 관찰하고, 생각하고, 표현하고, 듣는 것을 배우는 것이 무엇보다 중요합니다. 그러니 학생들이 발견의 과정을 스스로 온전히 수행할 수 있도록 도와주세요.

혹은 VTS의 기법에 대해 알려주기도 한다. 다음은 "연결하는 말linking comments은 어떤 것을 의미하나요?"라는 질문에 대한 답이다.

당신은 연결하기를 통해 얼핏 두서없는 듯한 대화를 적절히 구성해 학생들의 이해를 도울 수 있습니다. 유사한 의견을 연결해 결론을 이끌어내는 것이 바람직합니다. 이를테면 다음과 같이 말입니다. "여러 사람이 이렇게 보는 것 같네요.", "소녀의 표정이 만족하는 것처럼 보인다는 겐조의 말에 마크가 동의했네요."

당신은 한편으로 일치하지 않는 의견을 연결함으로써 충분히 서로 다르게 반응할 수 있으며, 이 또한 동일하게 중요한 다른 의견이라는 사실을 알려줄 수 있습니다. 다음과 같이 말입니다. "우리는 다양한 의견을 갖고 있죠.", "소니아 또한 그녀의 표정을 보았지만, 겐조나 마크와 달리 그녀의 눈이 슬퍼 보인다고 생각했네요."

당신은 서로 의견을 주고받으며 논지가 확장되는 과정을 이끌며 협력의 중요성을 보여줄 수 있습니다. 각자 다른 의견과 지식은 서로에게 유용한 스캐폴딩이 되어줍니다. 교사는 다음과 같이 말하며 이를 은연중에 알려줍니다. "말릭은 소니아에게 동의하면서 그 소녀가 무엇을 생각하고 있는지에 대해 의문을 가졌네요.", "애슐리는 그녀가 슬퍼하고 있을 수 있다는 데 동의하고 거기에 그녀의 강아지가 도망간 것처럼 보인다는 이유를 추가했네요. 타일러가 아까 이야기한 것처럼요."

당신은 학생의 생각이 변화했다는 것을 짚어줄 수도 있습니다. "겐조가 타일러의 강아지 이야기가 설득력이 있다고 생각했기 때문에 자신의 생각을 바꿨어요."

VTS 방식을 연습하는 가장 좋은 방법은 동료와 함께 실제로 VTS 토의를 해보는 것이다. 이를 통해 스스로도 미술작품과 관계를 맺고 토의를 촉진하는 방식을 연습하며 수업 방식에 대해 논의할 수 있다. 이미지 토의를 연습한 후에는 다음의 질문을 주고받는 것이 좋다.

- 당신은 이 수업을 통해 무엇을 배웠나요? 그리고 이 수업에 대해 어떻게 생각하나요?
- 시연자의 수업에서 어떤 점이 좋았나요?
- 만약 [토의가 잘못된 방향으로 흘러가는 일 등]이 일어나면 우리는 어떻게 해야 할까요?
- 이러한 과정을 통해 당신은 무엇을 배웠나요?

당신은 스스로에게 다음과 같이 물음으로써 수업을 점검할 수도 있다.

- 이미지와 주제는 알맞았는가? 이는 토의를 긍정적인 방향으로 유도했는가? 이를 통해 무엇을 배울 수 있을까?
- 나는 학생들의 토의에서 무엇을 관찰했는가? 누가 잘 하지 못했고, 누가 어려움을 겪었으며, 누가 뛰어났는가? 이를 통해 무엇을 배울 수 있을까?
- 나는 목표를 이루었는가? 아니면 목표에 도달하지 못했거나 혹은 그것을 넘어섰는가? 이를 통해 무엇을 배울 수 있을까?
- 나는 학생들의 말을 잘 경청했는가? 바꾸어 말하기는 어땠는가? 스스로 개선된 점은 무엇인가? 다음에는 무엇을 바꿔야 할까?

두 번째 VTS 사이트는 모두가 열람할 수 있다.(http://vtshome.org) 이 사이트는 다양한 수준의 학생이 참여한 토의를 녹음한 파일, 조사 보고서, 주요 활동가의 기록물, VTS를 경험한 사람들의 인터뷰 등을 수록하고 있다. 더불어 도움을 구할 수 있는 여러 사람의 연락처와 발전과 실행 과정을 전문적으로 서술한 기록도 찾아볼 수 있다. 트레이닝과 자료의 가격도 안내받을 수 있는데, 이는 규모에 따라 달라진다.

VTS 전문성 개발 과정은 3년 이상, 매해 20~24시간 이수하도록 구성되었다. 세부 사항은 달라질 수 있다. 대부분의 지역에 트레이닝 프로그램이 마련되어 있으며, 개인적으로 이수하기보다는 학교 차원에서 시행하는 것이 더욱 좋다. 순차적으로 진행할 수 있으며 교사들 간 상호 작용과 지지를 통해 큰 효과를 거둘 수 있기 때문이다.

3년간의 전문성 개발 과정 개요

- 기초적인 트레이닝은 코칭이 있는 시연과 연습으로 구성된다.
- 한 달에 한 번, 한 시간씩 총 열 번의 수업을 진행하며 마지막에는 적절한 수준에 다다른 학생들을 위해 뮤지엄에 방문한다.
- 세 번이나 네 번 정도는 수업을 두 시간 동안 진행하는데, 이때에는 학생들의 행동을 돌아보고, 문제점을 이야기하며, 코칭을 받아 수업을 보완하고, 바꾸어 말하기와 연결하기를 연습하는 시간을 갖는다.
- VTS 트레이너가 한두 차례 직접 수업에 방문해 멘토링과 질의 응답, 구체적인 이슈에 관한 조언을 제공한다.

7장

어떤 교육 방법이 효과적인지는 최근 마련된 영어나 수학 과목의 공통핵심기준을 얼마나 충족하는지에 근거하여 곧 밝혀질 것이며 과학 과목의 새로운 성취기준 또한 머지않아 마련될 것이다. 공통핵심기준의 집필진은 이 새로운 도전에 대처하는 방법에 대해서는 교사와 학교가 결정할 수 있도록 권한을 부여하였다. 물론 교육과정 개발자들이 곧 이 공백을 기회로 삼아 이익을 취하겠지만 말이다. VTS는 학습을 시작하는 유치원과 배움을 확장해 나가는 초등학교에 적용할 때 가장 좋다. 다음은 공통핵심기준 홈페이지(http://www.corestandards.org)에서 발췌한 것으로, 그들은 영어와 수학 과목의 학습 목표를 다음과 같이 기술했다.

> 이 기준을 성취한 학생들은 자연스럽게 글을 가까이하며 주의를 기울여 읽게 된다. 이는 다양한 문학작품을 이해하고 즐기는 데 있어 필수적인 역량이다. 이 학생들은 무수한 인쇄물과 디지털 정보의 범람 속에서도 비판적인 읽기 자세를 바탕으로 필요한 정보를 선별할 수 있게 된다. (중략) 이 학생들은 본능적으로 타당하게 추론하고 증거를 제시하여 그들의 의견을 입증하고자 한다. 이는 민주 공화국에서 책임 있는 시민으로 거듭나기 위한 필수적인 자세다. 요약하자면, 이 기준을 성취한 학생들은 읽기, 쓰기, 말하기, 듣기 영역에서 말하고자 하는 바를 창의적이면서도 명백히 전달하기 위한 기초적인 기술을 발전시킬 수 있다.
>
> 수학 과목에서는 학생이 왜 특정한 수학적 명제가 진실이며 수학적 규칙이 어떻게 도출되는지를 밝힐 것을 요구한다. (중략) 이러한 규칙을 설명할 수 있는 학생은 수학을 이해하고 (a+b+c)(x+y)와 같이 낯선 과제를 성공적으로 해결할 수 있다. 수학에서 이해와 풀이 기술은 모두 중요하며 이는 다양한 과제를 통하여 평가할 수 있다.

VTS는 공통핵심기준이 요구하는 복합적인 사고를 촉발하는 간단하면서도 효율적인 수단이다. VTS를 이미지와 결합하고 다른 교과에 적용하면 문제를 보다 잘 이해하고 집단과 잘 어울릴 수 있게 된다. 교사로서 여러분은 자연스럽게 학생들이 자신감을 가지고 자신의 생각을 말하고 쓰도록 도울 수 있다. 더불어, 교육과정 전반에 VTS를 도입해 학생들의 지속적인 발전을 유도할 수 있다. 학생들은 본능적으로 타당하게 추론하고 증거를 제시하며 자신의 의견을 입증하게 될 것이다.

이 모든 과정은 학생들이 좋아하는 미술작품에 관해 토의하는 것에서 시작된다. 습득 능력이 뛰어난 학생부터 학습에 어려움을 느끼는 학생에 이르기까지 모든 학생이 수업에 즐겁게 참여하게 되고, 이는 자연스럽게 다른 수업으로도 전이된다.

참고문헌

Rudolf Arnheim, *Thoughts on Art Education*, Los Angeles: The J. Paul Getty Trust, 1989.

Visual Thinking, Berkeley and Los Angeles: University of California Press, 1969.

(번역서- 루돌프 아른하임, 『시각적 사고』, 김정오 역, 이화여자대학교출판문화원, 2004)

Jerome Seymour Bruner, *The Process of Education*, Cambridge, MA: Harvard University Press, 1960.

Toward a Theory of Instruction, Cambridge, MA: Harvard University Press, 1966.

Common Core State Standards Initiative, www.corestandards.org.

John Dewey, *The Child and the Curriculum*, Chicago: University of Chicago Press, 1902.

Experience and Education, New York: Kappa Delta Pi, 1938.

(번역서- 존 듀이, 『존 듀이의 경험과 교육』, 엄태동 역, 박영스토리, 2019)

"My Pedagogic Creed", *School Journal 54* (1897), pp.77-80, http://en.wikisource.org/wiki/My_Pedagogic_Creed.

Abigail Housen, "Aesthetic Thought, Critical Thinking and Transfer", *Arts and Learning Journal 18, no.1* (2002), pp.99-132, http://vtshome.org/research/articles-other-readings.

"Eye of the Beholder: Research, Theory and Practice", Paper presented at the conference of Aesthetic and Art Education: A Transdisciplinary Approach, Lisbon, Portugal (sponsored by the Calouste Gulbenkian Foundation, Service of Education), September 27-29, 1999, http://vtshome.org/research/articles-other-readings.

National Commission on Excellence in Education, *A Nation at Risk: The Imperative for Educational Reform*. Washington, DC: U.S. Department of Education, 1983.

Dorothy G. Singer and Tracy A. Revenson, *A Piaget Primer: How a Child Thinks*, Revised Edition. New York: Plume, 1996.

Alvin Toffler, *Future Shock*, New York: Random House, 1970.
(번역서- 앨빈 토플러, 『미래의 충격』, 장을병 역, 범우사, 1990)

L. S. Vygotsky, *Mind in Society*, Cambridge, MA: Harvard University Press, 1978.
(번역서- 레프 비고츠키, 『마인드 인 소사이어티』, 정회욱 역, 학이시습, 2009)
Thought and Language, Cambridge, MA: MIT Press, 1986.
(번역서 『사고와 언어』, 윤초희 역, 교육과학사, 2011)

Philip Yenawine, "Jump Starting Visual Literacy: Thoughts on Image Selection." *Art Education 56, no. 1* (2003), pp.6–12, http://vtshome.org/research/articles-other-readings.
"Theory into Practice: The Visual Thinking Strategies." Paper presented at the conference of Aesthetic and Art Education: A Transdisciplinary Approach, Lisbon, Portugal (sponsored by the Calouste Gulbenkian Foundation, Service of Education), September 27–29, 1999, http://vtshome.org/research/articles-other-readings.
"Visual Art and Student-Centered Discussions." *Theory into Practice 37, no.4* (1998), pp.314–321, http://vtshome.org/research/articles-other-readings.

미주

서문

1 내가 이 책에서 다룰 내용은 하우젠과 내가 공동으로 설립한 비영리 기관인 VUE에서 15년 동안 VTS를 실행하며 경험한 것이다. 이 책에 실린 모든 내용의 저작권은 VUE에 있다. © VUE(VUE owns all rights, title, and interest in the trademarks "Visual Thinking Strategies" and "VTS" as well as copyrights related to VTS in various texts, syllabi, and Web sites). VTS와 VUE에 관심이 있다면 웹사이트 www.vtshome.org를 참고하길 바란다.

1장

1 하우젠의 연구 방법과 결과는 기사와 레포트에 자세히 기술되어 있다. 이는 http://vtshome.org/research/articles-other-readings에서 확인할 수 있다.

2 작자 미상, 〈아크나톤과 그의 가족(그의 아내 네페르티티와 세 딸과 함께 아톤 아래에서) *Akhenaten and His Family*〉, 1345 BC. 아케타텐(텔-엘-아마르나)의 석회암에 새겨짐, 이집트. 사진출처 : bpk, Berlin/tisches Museum/Staatliche Museeen/Art Resource, NY. 허락받아 재촬영.

2장

1 데이비드 턴리, 〈기타를 치는 아빠와 딸*Father and Daughter Playing Guitar*〉, 1986, 컬러 사진. © David Turnley/CORBIS. 허락받아 전재

2 도리스 울만, 〈목초지의 치버스씨와 그의 딸*Cheevers Meadows and His Daughters*〉, 1933. Doris Ulmann Photo- graph Collection, PHO38_27_3257, Special Collections and University Archives, University of Oregon Libraries, Eugene, Oregon.

3 VTS에 관한 정보와 수업 계획안, 이미지 등 그 밖의 자료는 http://vtshome.org에서 확인할 수 있다.

4 위와 같은 사이트 참조

3장

1 Carva and Associates, *Artful Citizenship Project*(Miami: The Wolfsonian, Inc, 2005); Abigail C. Housen, "Aesthetic Thoughts, Critical Thinking and Transfer", *Arts and Learning Research Journal 18*, no. 1(2002), pp.99-132. 두 번째 연구의 부록에는 미국의 연방주에서 시험을 실시했을 당시의 읽기 점수가 수록되어 있다.

2 마리온 바전트가 가르쳤던 영어 학습자 세 명이 VTS 방식으로 토의하며 영어로 된 문제를 푸는 과정에서 작성한 활동지를 스캔했다. 마리온은 ELL 학생들이 이와 같은 문제를 푸는 데 어려움을 겪는 경향이 있다고 보고했다. 허락 받아 전재

3 http://www.newamerica.net/files/afghanmap.pdf

4 빌리 콜린스가 추천한 시를 포함하여《시 180 프로젝트Billy Collin's Project 180》에 관한 정보를 하기 사이트에서 더 찾아볼 수 있다. http://www.loc.gov./poetry/180/p180-home

4장

1 윈즐로 호머, 〈채찍을 휘둘러라*Snap the Whip*〉, 1872, 캔버스에 유채, Bridgeman Art Library International의 허락을 받아 복제함.

2 http://vtshome.org/system/resources/0000/0003/Miami-FL-VTS-Study.pdf.

3 http://www.pz.gse.harvard.edu.moma.php

4 http://vtshome.org/system/resources/0000/0069/ISGM_Summary.pdf.

5 Avigail C. Housen, "Aesthetic Thought, Critical Thinking and Transfer", *Arts and Learning Research Journal 18*, no. 1(2001-2002), pp.99-132. http://vtshome.org/prograns/vts-downloads 참조

6 Rudolf Arnheim, *Visual Thinking* (Berkeley and Los Angeles: University of California Press, 1969), v.

7 위의 책 참조

8 L.S.Vygotsky, *Mind in Society* (Cambridge, MA; Harvard University Press, 1978), p.86.

9 랭부르 형제, 〈십일월: 도토리 수확*November: Acorn Harvest(detail of farmworker and hogs)*〉. Calendar miniature for Tres Riches Heures du Duc de Berry, 1416. ⓒRMN - Grand Palais/Art Resource, NY. 허락 받아 전재.

10 http://ati.pearson.com/authous-consultants/rick-stiggins.html

11 http://fcat.fldoe.org/pdf/rubrcw04.pdf.

12 http://www.corestandards.org/ELA-Literacy/W/3.

5장

1 Betty Hart and Todd R. Risley, *Meaningful Differences in the Everyday Experience of Young American Children* (Baltimore: Paul H. Brookes Publishing, 1995); http://www.gsa.gov/graphics/pbs/The_Early_Catastrophe_30_Million_Word_Gap_by_Age_3 pdf.에서 연구 개요를 살펴볼 수 있다.

2 L. S. Vygotsky, *Mind in Society* (Cambridge, MA: Harvard University Press, 1978), p.32

3 위의 책 참조, p.86.

4 위의 책 참조, p.84-91.

5 http://vtshome.org/system/resources/0000/0003/Miami-FL-VTS- Study.pdf.

6 메리 카사트, 〈아이의 목욕*The Child's Bath*〉, 1893, 캔버스에 유채. Robert A. Waller Fund, 1910.2, The Art Institute of Chicago. 허락 받아 전재.

7 디에고 벨라스케스, 〈카를로스 왕자의 기마상*Prince Balthasar Carlos on Horseback*〉, 1635, 캔버스에 유채. Photo credit: Scala/Art Resource, NY. 허락 받아 전재.

8 http://www.k12.wa.us/Writing/pubdocs/EALRwritingfinal.pdf.

9 http://msmcclure.com/?page_id=1092.

10 http://msmcclure.com/?page_id=1056.

7장

1 Alvin Toffler, *Future Shock* (New York: Random House, 1970).

2 National Commission on Excellence in Education, *A Nation at Risk: The Imperative for Educational Reform* (Washington, DC: U.S. Department of Education, 1983).

3 http://www.edtrust.org/dc/press-room/press-release/shut-out-of-the-military-more-than-one-in-five-recent-high-school-gradua.

4 http://www.gesellinstitute.org.

5 http://www.impatientoptimists.org/Topics/Early-Learning-US.

감사의 말

지난 이십여 년 동안 VTS를 다양한 형태로 실행할 수 있음을 보여준 많은 교사들에게 이 책을 바칩니다. 감사하다는 이 짧은 표현으로는 다 담을 수 없겠지만 모두에게 감사의 인사를 드리고 싶습니다. 캐롤 헨더슨, 트레이시 매클루어, 크레이그 매디슨, 일레인 추, 마리온 버전트, 브라이언 피저, 킴야 잭슨, 제프 루드, 마이클 볼리어, 마이클 고든, 트레이시 머디러스, 헤더 서덜랜드, 데브라 비그나, 레이철 젠더, 린다 스가노를 포함해 VTS를 시도한 모든 이들은 저의 영웅이며, 충분히 축하를 받을 자격이 있습니다. 제가 이들의 경험을 잘 전달할 수 있길 바라며, 이를 읽어주실 독자들에게도 감사의 말씀을 전하고 싶습니다.

읽을 만한 가치가 있는 책을 출간하기 위해서는 폭넓은 시각과 함께 세부 사항까지 세세히 살피려는 책임감을 지닌 편집자의 도움이 절실합니다. 인내심을 가지고 빠른 속도로 책을 명료하면서도 매력적으로 기술할 수 있었던 건 하버드 교육 출판사의 낸시 발저 덕택입니다. 낸시와 교열 담당자인 레이철 모너핸이 꼼꼼하게 책을 점검해주었습니다. 디자이너인 킴 아르니에게도 깊은 감사를 드립니다. 코디네이터인 수미타 무케르지는 항상 열정적으로 도움을 주었고, 마케팅 및 홍보 담당자인 로라

매든과 크리스티나 드영, 로즈 앤 밀러는 이 책이 전 세계에 배포될 수 있도록 해주었습니다. 더불어 저의 초고가 전문적인 도서로 출간되도록 도움을 주고 언론 매체의 평론과 홍보를 담당해준 캐롤라인 촌시에게도 읽을 가치가 있는 책을 만들어 주어 고맙다는 말을 전하고 싶습니다.

지난 수년간 VTS를 위해 함께 일해온 동료들은 제 정보의 원천이었습니다. 카린 디샌티스, 캐서린 에젠버거, 페넬로페 스파이어, 윤 강 오이긴스, 니콜라스 가드너, 리사 루리, 오렌 슬로츠베르크, 일레인 추, 그레천 바우덴배커, 제라드 홈스, 마이클 마틴, 에이미 체이스 휠던, 리즈 하비, 로빈 무스카르디니, 재시 브리튼, 킴 아지즈, 마를레네 뢰더, 알렉사 밀러, 리 하우크, 서맨사 리, 에리카 세라, 알프레도 에스피노사에게 깊은 감사를 전하고 싶습니다.

많은 학교의 관리자가 각자의 지역에서 VTS를 위한 길을 닦아주었습니다. 토머스 페이전트, 캐롤 존슨, 다이앤 짐머맨, 데이비드 셀로리아, 카미유 바흐, 이자벨 로메로와 같은 여러분들의 지지가 없었다면 VTS를 제대로 소개하지 못했을 것입니다. 특히 카렌 루스, 마이테 이투리, 제프 윌리엄슨, 클린턴 프라이스와 저에게 하버드 교육 출판사를 처음 소개해준

장 클루버에게 감사를 전합니다.

지난 수년간, 뮤지엄의 많은 동료가 우리의 연구와 실습을 위해 열심히 노력해주었습니다. 린다 듀크, 낸시 존스, 매리 루이스, 페기 버채널, 케이트 롤린슨, 하이디 아보개스트, 다브니 헤일리, 도리 제이콥슨, 웬디 울프, 호프 토렌츠, 미셸 그로헤, 폴라 린, 윌라마리 무어, 주디 머레이, 주디스 킹, 진 호엘에게 감사드립니다. 더불어 독립적으로 검증된 연구를 실행해준 커바Curva와 학습 혁신 협회Institute for Learning Innovation에도 감사의 말을 전합니다.

저는 오랫동안 애비게일 하우젠을 이 분야의 전문가로 여겼습니다. VTS의 수정과 확산을 위해 하우젠의 데이터와 연구 방법을 활용했고, 이를 통해 VTS가 언제 어떻게 효과적으로 작용하는지 확인할 수 있었습니다.

친구와 가족, 그리고 동료의 도움 없이 이 책은 출간될 수 없었을 것입니다. 이 책을 읽는 여러분은 책의 곳곳에서 저의 손녀인 윌라에 관한 이야기를 발견하게 될 것입니다. 윌라는 저에게 유아기 학습에 관해 수많은 것을 재발견할 기회를 주었습니다. 또한 윌라의 아버지인 태드와 이모 레베카 또한 독창적이고 지속적으로 제게 영감을 주었고 VTS와 이 책을 만드는 모든 과정에 꾸준한 자문을 제공했습니다. 저의 파트너인 앤드류 니브 또한 인내심을 가지고 조언과 지원을 아끼지 않았습니다.

이 모든 분들께 감사하다는 인사를 전합니다.

색인

- 굵게 표시한 것은 개념에 대한 주요 설명이 포함된 페이지

VTS의 주요 개념

주요 학자 및 작가와 화가

현장에서 활동하며 우리의 연구를 도와준 교사들